PIERRE CORNEILLE

Der Cid

TRAGISCHE KOMÖDIE
IN FÜNF AUFZÜGEN

DEUTSCH VON ARTHUR LUTHER

PHILIPP RECLAM JUN. STUTTGART

Französischer Originaltitel: Le Cid

Universal-Bibliothek Nr. 487
Alle Rechte, insbesondere der Aufführung, Rundfunk- und Fernsehübertragung, vorbehalten durch Ralf Steyer Verlag, Germering bei München. © für diese Ausgabe 1956 Philipp Reclam jun., Stuttgart.
Gesamtherstellung: Reclam, Ditzingen. Printed in Germany 1987
ISBN 3-15-000487-X

PERSONEN

Ferdinand I., *König von Kastilien*
Donna Urraca, *Infantin von Kastilien*
Don Diego, *kastilischer Grande*
Don Rodrigo, *sein Sohn*
Don Gomez, *Graf von Gormas*
Chimene*, *seine Tochter*
Don Sancho ⎫
Don Arias ⎬ *Granden*
Don Alonso ⎭
Leonor, *Begleiterin der Infantin*
Elvire*, *Gefährtin Chimenens*
Ein Page *der Infantin*

Ort der Handlung: Sevilla

---

* Das auslautende Schluß-e der Eigennamen wird bald andeutungsweise ausgesprochen, bald ganz fortgelassen, wie es der Vers erfordert.

ERSTER AUFZUG

ERSTER AUFTRITT

Chimene. Elvire.

Chimene.
  Darf ich dir glauben? Sprach mein Vater so? Mir scheint,
  Du hättest doch nicht recht verstanden, was er meint.
Elvire. Was er mir sagte, war so einfach und so klar,
  Daß da kein Mißverstehn, kein Zweifel möglich war.
  Er schätzt Rodrigo hoch, wie Ihr ihn liebt, Chimene,
  Und würd' ihn sicher gern als Euren Gatten sehn.
Chimene.
  So sag, ich bitte dich, mir noch zum zweiten Mal,
  Woraus du schließen magst, er billige meine Wahl.
  Sag mir noch einmal klar, worauf ich hoffen kann —
  Solch holde Reden hört man immer gerne an.
  Versprichst du nicht zuviel, wenn du uns sagst, wir können
  Zu unsrer Liebe uns vor aller Welt bekennen?
  Hast mit dem Vater du vom Wettstreit auch gesprochen,
  Der zwischen Sancho und Rodrigo ausgebrochen?
  Und zeigtest du ihm nicht zu deutlich, daß mir beide
  Nicht gleich wert, ich vielmehr aufs schärfste unterscheide?
Elvire.
  O nein! Ich sagte ihm, Ihr wüßtet selbst noch nicht,
  Ob Euer Herz für den, für jenen stärker spricht.
  Nicht selbst entscheiden wollt Ihr drum. Gehorsam nimmt
  Chimene zum Gatten, wen zum Vater ihr bestimmt.
  Sehr deutlich sah man es des Grafen Zügen an,
  Wie wohl des Töchterleins Gehorsam ihm getan.
  Zwar muß das alles noch einmal zur Sprache kommen,
  Doch ist schon wichtig, was ich jetzt von ihm vernommen.
  ›Mir ist es recht, gleichviel, für wen sie sich entscheide —
  Aus edlem Blute, treu und tapfer sind sie beide.
  Noch sind sie jung, doch aus dem Glanz der Augen lesen
  Wir Ruhm verheißend schon der Ahnen hohes Wesen.
  Vor allem sehn wir in Rodrigos Angesicht
  Nicht einen Zug, der nicht von reinster Tugend spricht.
  Die Väter führten einst das Heer von Sieg zu Siege,
  Von Lorbeergrün umrankt war schon des Knaben Wiege.
  Sein Vater, als er noch im Mannesalter stand,

1. Aufzug, 2. Auftritt

War von der ganzen Welt als Wunder anerkannt.
Was er geleistet, kann uns manche Furche sagen,
Die schonungslos die Zeit in seine Stirn geschlagen.
Vom Sohn erwart ich, was ich einst vom Vater sah.
Wählt meine Tochter ihn, dann sag ich freudig ja.‹
Gern hätt' ich das Gespräch noch weiter fortgesetzt,
Doch eilt' er sehr. Er sitzt im Rat des Königs jetzt.
Ihr seht nun – von den zwein, die sich um Euch bemühn,
Scheint er, den Ihr gewählt, entschieden vorzuziehn.
Einen Erzieher will dem Sohn der König geben.
Auf dieses Amt glaubt er nun Anspruch zu erheben.
Kein Zweifel, daß die Wahl des Königs auf ihn fällt,
Denn keinen wüßt' ich, der ihm hier die Waage hält.
So wird, was alle Welt erwartet, auch geschehn:
Daß wir ihn heute noch im hohen Amte sehn.
Rodrigos Vater wird, wie ihn der Sohn gebeten,
Gleich nach der Sitzung als Freiwerber vor ihn treten.
Was also – urteilt nur ganz frei und unbefangen –,
Was spräche nicht für Euch? Was könnt Ihr mehr
                                      verlangen?

Chimene.
Ach, so viel Glück ist fast fürs müde Herz zuviel,
Das Schicksal treibt so gern mit uns sein tückisch Spiel,
Und was so froh begann, kann um so trauriger enden.
Ein Augenblick genügt – gleich kann sich alles wenden.

Elvire.
Glaubt mir, die Furcht ist bald aufs glücklichste zerstreut.

Chimene.
Komm, warten wir es ab. Entscheiden muß sich's heut.

(Beide ab.)

ZWEITER AUFTRITT

Die Infantin. Leonor. Ein Page.

Infantin *(zum Pagen).*
In meinem Auftrag geh und sage der Chimen',
Es eilt ihr scheinbar heut nicht sehr, mich noch zu sehn.
Begreift sie nicht, wie sehr mich diese Trägheit kränkt?
(Page ab.)

Leonor. Daß Ihr so Tag für Tag nur an das eine denkt!

Und daß Ihr Tag für Tag so fragen mögt aufs neu,
Wie's heute denn bestellt um ihre Liebe sei.
Infantin.
Und das nicht ohne Grund. Ich nährte diese Glut.
Wenn sie verzweifelte, gab ich ihr neuen Mut.
Sie liebt Rodrigo, der durch mich zu ihr sich fand,
Der seinen Hochmut mir zuliebe überwand.
Ich war's, die zwischen ihm und ihr die Kette schlang,
Und will auch wissen, ob und wie mein Werk gelang.
Leonor.
Doch, Herrin, seltsam dünkt mich eins: je mehr die beiden
Zu hoffen wagen, scheint Ihr um so mehr zu leiden.
Doch höchste Seligkeit – und hier dies große Herz
Verzehrt sich unterdes in namenlosem Schmerz!
Der warme Anteil, den Ihr nehmt an diesen zwein,
Stimmt um so trüber Euch, je mehr sich diese freun.
Allein ich geh zu weit und werde unbescheiden.
Infantin. Der Zwang zu schweigen macht mich um so
                                                       schwerer leiden.
So höre denn, wie hart ich schon mit mir gerungen,
Was ich der Tugend schon an Opfern abgerungen.
Oh, Lieb' ist ein Tyrann, der keine Gnade kennt!
Der junge Held, für den das Herz Chimenens brennt –
Ich liebe ihn –
Leonor.   Ihr liebt ...
Infantin.   Leg an mein Herz die Hand –
Wie es gleich zittert, wird sein Name nur genannt!
Als kennt' es ihn ...
Leonor.   Verzeiht mir, wenn ich diese Flamme,
Jedweder Ehrfurcht bar, aufs strengste nun verdamme.
Ein Königskind, bestimmt, einst einen Thron zu zieren,
Liebt einen Ritter? Darf man sich so weit verlieren?
Wie soll der König, wie Kastilien das erfahren?
Wißt Ihr denn gar nicht mehr, wer Eure Eltern waren?
Infantin.
Ich weiß es, und weit eh'r hinopfert' ich mein Leben,
Als meiner Würde das geringste zu vergeben.
Trifft wirkliches Verdienst mit hohem Geist zusammen,
Dann darf ein edles Herz aufgehn in heißen Flammen.
Beispiele könnt' ich dir wohl mehr als hundert nennen,
Die meine Leidenschaft vollauf rechtfertigen können.

Doch ihre Menge will ich keineswegs vermehren.
Ich habe Kraft genug, zu zügeln mein Begehren.
Ich weiß genau, was mir als Königskind gebührt –
Ein Herrscher nur darf's sein, der zum Altar mich führt,
Und bangt mir, daß zuletzt mir noch die Kraft versage,
Verscheuch ich selbst, was ich nicht zu ergreifen wage.
Ich führ Chimen' ihm zu, sie ist es wert wie keine.
In ihrer beider Glut erstick ich wohl die meine.
Nach allem, was du nun gehört, wirst du verstehn,
Wie heiß mein Wunsch, die zwei recht bald vereint zu sehn.
Eh' das geschehen, find ich keine Ruhe hier.
Wenn Lieb' von Hoffnung lebt, so stirbt sie auch mit ihr.
Ein Feu'r ist's, das erlischt, wenn's ihm an Nahrung fehlt,
Und ob auch noch so sehr mich dies Erlebnis quält –
Ist zwischen jenen zwein geschlossen erst der Bund,
Dann ist mein Sehnen tot, jedoch mein Geist gesund.
Inzwischen aber leid ich namenlose Schmerzen.
Solang er unvermählt, herrscht er in meinem Herzen.
Aufgeben muß und will ich ihn, und bring die Kraft
Nicht auf – das ist, was die geheime Qual mir schafft.
Es zwingt die Liebe mich, wie ich mit Ingrimm sehe,
Um den zu klagen, den verachtend ich dann verschmähe.
Ein Zwiespalt ist es, der, unlösbar, mich zerreißt –
Das Herz, das liebende, will anders als der Geist.
Der Bund ist mir zugleich ein Schrecknis und willkommen,
Die Freude, die mir draus erwächst, nur unvollkommen.
Gleich wert sind Lieb' und Ruf mir – wird der Bund
Geschlossen oder nicht, mein Herz bleibt todeswund.

Leonor.
Zu dem, was ich vernahm, kann ich nichts weiter sagen.
Ich kann Euch, Herrin, nur verstehn und Euch beklagen.
Euch tadelte ich jüngst und leide nun mit Euch –
Doch mit dem Übel, das so herb und süß zugleich,
Liegt Eure Tugend nun im Kampf, und sie muß siegen,
Es muß vor ihrer Kraft der Gegner unterliegen!
Dem aufgestörten Geist gibt sie zurück die Ruh',
Und nehmt auch noch der Zeit heilende Kraft hinzu,
Hofft auf den Himmel, der sich stets gerecht erwies
Und niemals allzulang die Tugend leiden ließ.

Infantin.
Mein ganzes Hoffen ist, die Hoffnung aufzugeben,

Der Page *(kommt)*.
Herrin, Chimene kam auf Euren Wunsch soeben.
Infantin *(zu Leonor)*.
Wollt Ihr sie drüben in der Galerie empfangen?
Leonor.
Und Euren Träumen denkt Ihr weiter nachzuhangen?
Infantin.
O nein! Ich muß mich nur vorher noch dazu bringen,
Gleichgültig auszusehn. Es wird mir schon gelingen.
Ich folg Euch gleich.
(Leonor und der Page ab.)

DRITTER AUFTRITT

Infantin *(allein)*. Auf dem mein ganzes Hoffen ruht,
Du gütiger Himmel, gib die Kraft mir und den Mut,
Den rechten Weg zu sehn, die Qual zu überwinden.
Lehr mich, das eigne Glück im Glück der andern finden.
Dies Ehebündnis ist gleich wichtig allen drein,
Laß seine Wirkung klar, mein Herz standhafter sein.
Wenn endlich dieses Paar fürs Leben sich verbände,
Wär' ich der Fesseln frei, wär' meine Qual zu Ende.
Doch zögr' ich schon zu lang. Ich muß Chimene hören.
Vielleicht kann das Gespräch mit ihr mir Trost gewähren.
(Ab.)

VIERTER AUFTRITT

Don Diego, Don Gomez (kommen im Gespräch).

Gomez.
So habt Ihr's nun erreicht. Des Königs Gnade führt
Euch zu dem Amt, das mir, mir ganz allein gebührt.
Euch ward der Auftrag, den Infanten zu erziehn!
Diego. Die Ehre, die er mir damit erweist, zeigt ihn
Als edlen Herrn, der mit gerechten Maßen mißt
Und wirkliches Verdienst zu lohnen nie vergißt.
Gomez.
Der König auch ist Mensch. Trotz seinem hohen Amt
Kann er auch irren, wie wir Menschen allesamt.

1. Aufzug, 4. Auftritt

 Jedwedem Herrn vom Hof ist diese Wahl Beweis,
 Wie schlecht er wirkliches Verdienst zu lohnen weiß.
Diego.
 Genug von dieser Wahl! Ihr zürnt, doch scheint es mir,
 Hat Gnade wie Verdienst den gleichen Anteil hier.
 Des Herrschers Willen hat allein für uns zu gelten,
 Und es geziemt uns nicht zu klagen noch zu schelten.
 Fügt zu der Ehre, die mir heute ward, noch eine:
 Daß mein und Euer Haus ein heilig Band vereine.
 Ein Sohn nur lebt mir, Euch die Tochter nur – fürwahr,
 Was gäben diese zwei für ein erlesnes Paar!
 Erweist die Ehre uns und gebt uns Euer Kind.
Gomez.
 Ob für solch hohen Herrn nicht zu gering wir sind?
 Das hohe Amt, das Euch des Königs Gunst gegeben,
 Läßt auch den Sohn gewiß nach andern Zielen streben.
 Behaltet das im Aug', Herr – und erzieht den Prinzen.
 Belehrt ihn: ›So, mein Fürst, verwaltet man Provinzen,
 So zwingen wir das Volk, sich dem Gesetz zu beugen,
 Die Guten lohnt man so, macht so die Bösen schweigen...‹
 Im Waffenhandwerk auch müßt Ihr ihn unterrichten,
 Ihr lehrt ihn dessen oft unmenschlich harte Pflichten.
 Da wird der ganze Tag und auch die ganze Nacht
 Ununterbrochen oft im Sattel zugebracht.
 Man schläft im Panzerhemd, rennt eine Mauer ein,
 Muß im Gewühl der Schlacht stets an der Spitze sein –
 Ihr müßt ihm alles am lebendigen Beispiel zeigen.
 Das rechte Wissen wird ihm anders nicht zu eigen.
Diego. Wenn er Beispiele braucht siegreichen Kampfs und
                Strebens,
 So blättr' er nur in der Geschichte meines Lebens.
 Da kann er lernen, wie man um die Palme ringt
 Und wie die Völker man zu seinen Füßen zwingt,
 Wie eine Festung stürmt, ein Heer führt in die Schlacht,
 Mit jeder neuen Tat sein Ansehn wachsen macht.
Gomez. Lebendiges Beispiel ist von völlig anderm Wert.
 Durch Bücherweisheit wird ein Prinz kaum je belehrt.
 Was soll das Alter hier? Der Jahre langen Lauf
 Wiegt schon ein einziger Tag aus meinem Leben auf.
 Ihr wart einst stark und kühn, ich blieb es jederzeit,
 Des Reiches bester Schutz ist dieser Arm noch heut.

1. Aufzug, 4. Auftritt

Granada fürchtet mich, es zittert Aragon,
Als Schutz Kastiliens genügt mein Name schon.
Wär' Eure Freiheit doch längst ohne mich dahin,
Demütig müßtet Ihr vor fremden Herrschern knien.
Da war kein Tag, an dem kein neuer Sieg mir lachte,
Ja, keine Stunde, die nicht neuen Ruhm mir brachte!
Mitten im Kampfgewühl, von meiner Hand geleitet,
Hätte der Prinz gelernt, wie man den Sieg bereitet,
Wie man das Heer bewegt, daß es sein Höchstes leiste.
Er hätte dann bestimmt mit seinem kühnen Geiste
Gesehen, daß ...
Diego.   Stets treu dem König dientet Ihr,
Und manchen schönen Sieg errangt Ihr unter mir,
Und da das Alter nun Macht über mich gewann,
Seid Ihr der einzige, der mich ersetzen kann.
Beenden wir damit den unfruchtbaren Streit.
Was ich vor kurzem noch gewesen, seid Ihr heut,
Und unser Wettstreit zeigt uns deutlich: zwischen beiden
Weiß seine Majestät sehr wohl zu unterscheiden.
Gomez.
Was ich verdient, ward Euch zu Unrecht zuerkannt.
Diego. Der König legt es dem Verdientern in die Hand.
Gomez.
Ein Amt wie dies verlangt viel Wissen und Geschick.
Diego.
Wer beides reich besitzt, den weist man nicht zurück.
Gomez. Als alter Höfling wart Ihr freilich gut beraten!
Diego.
Ein Fürsprech ward mir nur gegeben – meine Taten.
Gomez.
Eu'r Alter war's, auf das der König Rücksicht nahm.
Diego. Mein Rittertum allein war's, das in Frage kam.
Gomez.
Wenn das entschied, so stand das Amt mir eher an.
Diego.
Der hat's auch sicher nicht verdient, der's nicht gewann.
Gomez. Was sagt Ihr? Nicht verdient? Ich?
Diego.   Ihr!
Gomez.   Der freche Ton!
Du unverschämter Greis, empfange deinen Lohn!
        (Er gibt ihm eine Ohrfeige.)

1. Aufzug, 5. Auftritt

Diego *(hält ihm sein Schwert hin).*
 Der erste meines Stamms, dem solches widerfährt,
 Bin ich. Macht Schluß. Was ist mein Leben mir noch wert?
Gomez. In deiner Schwäche weißt du keinen bessern Rat?
Diego. Weh, daß die alte Kraft mich ganz verlassen hat.
Gomez.
 Dein Schwert in meine Hand. Doch deiner Eitelkeit
 Würd' ich nur frönen, zückt' ich's gegen dich zur Zeit.
 Lebwohl! Und daß er seh', was du dereinst gewesen,
 Gib deinen Lebenslauf dem Prinzen nur zu lesen.
 Wie einer Frechheit hier verdiente Züchtigung ward –
 Als Schlußkapitel sei's dem Zögling aufgespart.
 (Geht ab.)

FÜNFTER AUFTRITT

Diego *(allein).*
 O Schmach! O Greisentum, verfluchtes! Mußt' ich nur
 So lange leben, daß mir dies noch widerfuhr!
 Hat steter Kampf und Sieg mir nur gebleicht das Haupt,
 Damit ein einziger Tag mich allen Ruhms beraubt?
 Vor dem ganz Spanien bewundernd sich geneigt,
 Der sovielmal dem Reich als Retter sich gezeigt,
 So viele Mal' dem Thron gedient als Schirm und Schild –
 Mein Arm läßt mich im Stich, da's mir zu helfen gilt!
 Qualvoll Erinnern an dahingegangnen Ruhm!
 Zahlloser Tage Mühn – ein Tag stürzt alles um!
 Die neue Würde, die mir neues Glück verhieß,
 Ward mir zum Schicksal, das mich in den Abgrund stieß.
 Gönn ich ihm den Triumph? Soll schweigend mich ergeben?
 Soll sterben ungesühnt? In Schande weiterleben?
 Graf Gomez, ja, du wirst den Prinzen nun erziehn.
 Solch hohes Amt wird dem Entehrten nicht verliehn.
 Dein eifersüchtiger Stolz, hier klar zutag gekommen,
 Hat trotz des Königs Wahl die Würde mir genommen.
 Und du, das allen Ruhm mit mir geteilt, mein Schwert,
 Am schwachen Körper nur ein Schmuckstück ohne Wert,
 Das mir zur Abwehr nur gedient dies letzte Mal,
 Nicht mehr zum Angriff, du dereinst so scharfer Stahl,
 Der Menschen Elendsten verlaß vor seinem Ende!
 Willst du mich rächen, geh in andre, beßre Hände!

SECHSTER AUFTRITT

Diego. Rodrigo.

Diego. Rodrigo, hast du Mut?
Rodrigo.   Wärt Ihr mein Vater nicht,
Bewies' ich's Euch sofort.
Diego.   Ein Zorn, der für sich spricht.
Auf meinen bittern Schmerz war dies die richtige Stimme,
Und ich erkenn mein Blut in diesem edlen Grimme.
Die eigne Jugend wird in dieser Glut mir wach.
Komm denn, mein Sohn, mein Blut, und sühne meine [Schmach!
Du mußt mich rächen.
Rodrigo.   Was geschah?
Diego.   Wir wurden jetzt,
Wir beide, du und ich, bis auf den Tod verletzt.
Ich sprech's nur zögernd aus: Mich traf ein Backenstreich,
Und sterben sollte der Beleidiger sogleich,
Doch meinem schwachen Arm entglitt das schwere Eisen.
Sei du mein Rächer! Hilf dem Vater, hilf dem Greisen!
Beweis dein Heldentum und stelle dich dem Frechen.
Durch Blut allein nur läßt sich solche Kränkung rächen!
Ein Gegner ist es, der so leicht nicht zu besiegen.
Du tötest oder stirbst, ich will dich nicht betrügen.
Ich sah ihn, wie er, ganz mit Blut und Staub bedeckt,
Ein großes Feindesheer noch siegreich fortgeschreckt,
Hundert Schwadronen sah ich in die Flucht ihn schlagen,
Und um das Letzte noch, das Wichtigste zu sagen:
Ein Kriegsheld ist er, ist dem König ein Berater,
Mehr noch: er ist...
Rodrigo.   Was noch?
Diego.   Es ist Chimenens Vater.
Rodrigo. Der Graf...
Diego.   Ich weiß, daß du sie liebst. Doch sage: Kann
Der weiterleben, dem so Böses angetan?
Die Kränkung wiegt so schwer, wie der Beleidiger wert.
Was man mir angetan, das hast du nun gehört.
Ich sag nichts mehr. Räch den uns angetanen Hohn,
Zeig deinem Vater dich als seiner würdigen Sohn.
Ich brauche Ruhe jetzt. Ich muß mit meinem Leide
Allein sein. Du indes geh, fliege, räch uns beide!

(Geht ab.)

SIEBENTER AUFTRITT

Rodrigo *(allein)*. Getroffen bis ins tiefste Herz
  Durch eine schreckliche, todbringende Enthüllung,
  Zu einem Rachewerk berufen, des Erfüllung,
  Wenn auch gerecht, mir nur Verzweiflung bringt und
                                                  Schmerz.
  Ach, so allein nur räch ich meines Vaters Ehre –
  Wenn ich *mein* Glück zerstöre.
  Da endlich die Erfüllung mir geschenkt,
  Da ich am Ziel mich wähne –
  Wird auf den Tod der Vater mir gekränkt,
  Und der ihn kränkt, ist Vater der Chimene!
  Welch harter Kampf ist mir beschert!
  Soll ich der Leidenschaft, soll ich der Ehre dienen?
  Die Liebe opfern und des Vaters Schande sühnen?
  Dies treibt das Blut mir hoch, und jenes hemmt mein
                                                  Schwert.
  Die Wahl hab ich: das Glück der Liebe aufzugeben
  Oder entehrt zu leben.
  Tret ich nicht ein für unser gutes Recht,
  Daß alle Welt uns höhne?
  Zieh ich das Schwert für mein gekränkt Geschlecht
  Und kämpfe mit dem Vater der Chimene?
  Geliebte, Vater, Neigung, Ehr',
  Unseliger Widerstreit gleich wichtiger, heiliger Pflichten,
  Ich muß mein Lebensglück, muß meinen Ruhm vernichten.
  Das eine trifft mich wie das andre bitter schwer.
  Grausame Hoffnung du dem hart geprüften Herzen
  In bittern Liebesschmerzen,
  Du meines Glückes würdiger Feind, mein Schwert,
  Soll ich des Vaters Träne
  Rächen durch dich, den Frevel unerhört?
  Schwing ich dich und verzichte auf Chimene?

  Unlösbar klafft ein Zwiespalt hier.
  Dem Vater bin ich wie der Liebe gleich verpflichtet.
  Räch ich den Vater, ist mein Liebesglück vernichtet.
  Und räche ich mich nicht, werd ich verächtlich ihr.
  Unwürdig ihrer wär' ich, wollt ich mich nicht rächen.
  Doch ihr die Treue brechen?
  Kein Ausweg! Die Beleidigung ist zu schwer,

Daß man sich noch versöhne.
Kein Ausweg! Sterben nur – nichts bleibt mir mehr.
Ich sterb, und ungekränkt bleibt mir Chimene.

Sterben? Was ist damit erreicht?
Es heißt dann hinterher, daß ich unwürdig wäre
Des Ruhms, den ich besaß, daß, meines Hauses Ehre
Zu schützen, ich nicht Mut noch Kraft genug gezeigt.
Darfst du um schon verlorner Liebe willen
Des Sohns Pflicht nicht erfüllen?
Genug davon! Es gibt nur eines hier!
Jetzt keine Klagetöne!
Sei stark, mein Arm! Zum mindesten retten wir
Die Ehre, und als Opfer fällt Chimene!

Mir bleibt nur dies – und so ist's gut.
Mehr als der Liebe bin dem Vater ich verpflichtet.
Ob ich im Kampfe fall, ob mich der Gram vernichtet –
Rein, wie ich es empfing, erhalt ich mir mein Blut.
Schon fürcht ich, daß man mir Trägheit zum Vorwurf
                                              mache.

Auf denn zum Werk der Rache!
Ich weiß nun, was ich tu. Kein Selbstbetrug,
Kein Seufzer, keine Träne!
Mein Vater ward beschimpft. Das ist genug,
Auch wenn der Schuldige Vater der Chimene!

ZWEITER AUFZUG

ERSTER AUFTRITT

Don Gomez. Don Arias.

Gomez. Euch will ich es gestehn: das unverschämte Wort
Erhitzte mir das Blut und riß zu weit mich fort.
Doch weiß ich nicht, wie dem nun abzuhelfen wär.
Arias.
Den König, daß Ihr's wißt, kränkt diese Zwietracht sehr.
Es kann, so glaubt er fest, die Schuld bei Euch nur liegen.
Drum mein ich, solltet Ihr Euch seinem Willen fügen.
Ich wüßte nicht, wo Euch noch ein Verteidiger wäre,
Denn des Gekränkten Rang und der Beleidigung Schwere
Heischt eine andere, weit schärfre Sühne auch,
Als bei alltäglichen Zerwürfnissen sonst Brauch.
Gomez. Ich war dem König treu zu dienen stets bedacht.
Arias. Zu viel des bösen Bluts hat Euer Streich gemacht.
Doch liebt der König Euch. Drum rat ich Euch: lenkt ein.
Er sprach: ›Ich will das so!‹ Ihr müßt gehorsam sein.
Gomez.
Der Ruhm, den ich mit Recht genieß im ganzen Land,
Wird nicht geschmälert durch geringen Widerstand.
Meine Verdienste um das Königshaus genügen,
Wär' er viel stärker auch, ihn völlig aufzuwiegen.
Arias. Ob viel Verdienste der Vasall erwarb, ob wenig –
Zu keinem Gegendienst verpflichtet ist der König.
Es tut der Lehensmann, wenn er des Herrschers Willen
Blindlings gehorcht, nicht mehr als seine Pflicht erfüllen.
Durch Widersetzlichkeit, Graf, schadet Ihr Euch nur.
Gomez. Das glaub ich erst, wenn ich es an mir selbst erfuhr.
Arias. Ihr unterschätzt die Macht des Königs sicherlich.
Gomez.
Ein einziger solcher Tag stürzt keinen Mann wie mich.
Wär' er entschlossen, mich für immer zu verdammen,
Es bräch' mit mir zugleich sein ganzes Reich zusammen.
Arias.
Wie? Schätzt Ihr die Gewalt des Herrschers so gering?
Gomez.
Der erst aus meiner Hand den Herrscherstab empfing!

Von jeher stützt' er sich auf meine Kraft vor allen,
Es kann mit mir zugleich auch seine Krone fallen.
Arias.
Ist denn die Stimme der Vernunft Euch gar nichts wert?
Hört doch auf guten Rat!
Gomez.   Ich hab genug gehört.
Arias.
Der König will Bescheid. Was soll ich ihm berichten?
Gomez. Mich wehrlos machen heißt den bösen Streit nicht
                                                               schlichten.
Arias. Ergebenheit verlangt der König von uns allen.
Gomez.
Ich sage kein Wort mehr. Die Würfel sind gefallen.
Arias.
Lebt wohl. Ich sprach umsonst und meint' es doch so gut.
Trotz Eures Ruhms — seid vor dem Blitzschlag auf der
                                                              Hut!
Gomez. Ich seh ihm ohne Furcht entgegen.
Arias.   Wenn er fällt...
Gomez. Wir werden sehn, wie Don Diego sich verhält.
(Arias ab.)
Wer vor dem Tod nicht bangt, wird keine Drohung scheun.
Von keines Fürsten Gunst mag ich abhängig sein.
Ich fürchte keine Not, trag auch die schwersten Lasten —
Nur meine Ehre wag' mir keiner anzutasten.

ZWEITER AUFTRITT

Don Gomez. Rodrigo.

Rodrigo. Graf, nur zwei Worte!
Gomez.   Sprich!
Rodrigo.   Ich sehe da nicht klar.
Kennst du Don Diego gut?
Gomez.   Ja.
Rodrigo.   Weißt, was er uns war?
Daß diesem edlen Greis an Tugend keiner glich,
Daß er der Stolz und Ruhm des Reichs gewesen? Sprich!
Gomez. Kann sein.
Rodrigo.   Die du im Aug' mir funkeln siehst, die Glut,
Weißt du, woher sie stammt? Aus meines Vaters Blut.

2. Aufzug, 2. Auftritt

Gomez. Was kümmert's mich?
Rodrigo.   Das wirst du gleich erfahren haben.
   Komm mit – vier Schritt von hier!
Gomez.   Anmaßung eines Knaben!
Rodrigo.
   Ganz recht, ich bin noch jung. Jedoch bei edlen Seelen
   Sind es die Tugenden, die Jahre nicht, die zählen.
Gomez.
   Mit mir dich messen – du! Woher der Größenwahn?
   Den wir mit Waffen in der Hand kaum jemals sahn!
Rodrigo.
   Sich mir zum zweiten Mal zu nahn ist keinem lieb.
   Zum Meisterstoße wird mir jeder Probehieb.
Gomez. Weißt du denn, wer ich bin?
Rodrigo.   Des Namens Klang allein
   Mag jedem andern, nur nicht mir, ein Schrecknis sein.
   Die Palmenzweige, die um deine Stirn sich winden,
   Sie scheinen mir bereits mein Ende dir zu verkünden.
   Ich kämpf mit einem Feind, der nie noch unterlag,
   Doch Riesenkraft quillt aus des Herzens heißem Schlag.
   Alles vermag, wer für des Vaters Ehre ficht,
   Und unbesiegbar ist der Unbesiegte nicht.
Gomez.
   Das edle Herz, das mir aus deinen Worten sprach,
   Das kühne Feuer, das aus deinen Augen brach,
   Ließ mich den künftigen Stolz Kastiliens in dir sehn,
   Und gern begrüßt' ich dich als Gatten für Chimen'.
   Von deiner Liebe weiß ich längst und seh entzückt,
   Daß sie das Pflichtgefühl in dir nicht unterdrückt.
   Reinste Bewundrung nur weckt mir der hohe Sinn,
   Der alles freudig gibt für seine Ehre hin.
   Wie preis ich mein Geschick, wie stolz bin ich, daß mir
   Zum Eidam ward beschert ein echter Kavalier!
   Doch offen sei's gesagt: Sosehr dein Mut mich freut,
   Sosehr ist's mir zugleich um deine Jugend leid.
   Dein neuer Probestoß kann nur ein Fehlschlag sein.
   Zieh mich nicht in den so ungleichen Kampf hinein!
   Ein Zweikampf, der für mich nicht auch ein Wagnis wäre,
   Hat keinen Reiz für mich und bringt mir wenig Ehre.
   Es hieß', ich hätte dich ganz mühelos geschlagen,
   Und mir blieb' nichts, als nur dein Ende zu beklagen.

Rodrigo.
  Seltsames Mitleid! Hat's dergleichen je gegeben?
  Man raubt die Ehre mir und fürchtet für mein Leben!
Gomez. Entferne dich von hier!
Rodrigo.   Komm, reden wir nicht lang.
Gomez. Bist du so lebensmüd?
Rodrigo.   Bist du vorm Tode bang?
Gomez.
  Wohlan denn, komm! Der Sohn ist keiner Achtung wert,
  Der weiterlebt, wenn man den Vater ihm entehrt.
  (Beide ab.)

DRITTER AUFTRITT

Die Infantin. Chimene. Leonor.

Infantin.
  Beruhige dich, Chimen', sei stark, faß neuen Mut!
  Verloren ist noch nichts, es wird noch alles gut.
  Ein kleines Wölkchen nur trübt deinen Himmel leicht.
  Im nächsten Augenblick ist es bereits verscheucht.
  Du opferst nichts dabei. Es wird von selbst entschweben.
Chimene.
  Ich glaub es nicht, ich hab die Hoffnung aufgegeben.
  Bricht in die Stille solch ein Wirbelsturm herein,
  Dann wird ein Schiffbruch kaum noch zu vermeiden sein.
  Ich falle dicht am Ziel, war ihm doch schon so nah!
  Ich liebte, war geliebt, die Väter sagten ja ...
  Zur gleichen Stunde, da ich Euch mein Glück berichtet',
  Kam jener böse Streit – und alles war vernichtet!
  Und da Ihr kaum bereit wart, Euch mit mir zu freun,
  Geschah das Schreckliche, mein Luftschloß stürzte ein.
  Verfluchte Ruhmbegier, erbarmungsloses Spiel,
  Dem jederzeit aufs neu der Edelste verfiel!
  Grausame Ehre, die mein ganzes Glück zerstört,
  Mir alles raubt, wonach mein Herz so heiß begehrt!
Infantin.
  Daß dieser läppische Streit so maßlos dich erregt!
  So schnell, wie er entfacht, ist er auch beigelegt.
  Das Aufsehn war zu groß, es muß zum Ausgleich kommen,
  Nun sich der König selbst der Sache angenommen.

2. Aufzug, 3. Auftritt

Erinnre dich – war ich denn nicht zu jeder Zeit
Auch das Unmögliche für dich zu tun bereit?
Chimene. Ausgleich nach solchem Streit? Wie denkt Ihr
Euch das Wie?
Tödliche Kränkungen gleich der vergißt man nie.
Vernunft oder Gewalt – hilflos wird beides sein.
Wenn's hier Versöhnung gibt, so immer nur zum Schein.
Es muß der Haß, je mehr die Gegner sich bemühn,
Ihn zu ersticken, nur noch um so heißer glühn.
Infantin.
Das heilige Band, das mit Rodrigo dich verbindet,
Muß dazu führen, daß der Väter Haß verschwindet.
Stärker als aller Haß glühn euer Liebe Flammen
Und führen so aufs neu die Streitenden zusammen.
Chimene.
Ich wünsch es ebenso, doch Hoffnung hab ich wenig.
Don Diego ist zu stolz, und meinen Vater kenn ich.
Vergebens ring ich mit der Tränen heißem Fluß.
Es quält mich, was geschah, und schreckt, was kommen
muß.
Infantin.
Daß ein hinfälliger Greis dich so erschrecken kann!
Chimene. Doch hat Rodrigo Mut.
Infantin.   Ein viel zu junger Mann.
Chimene.
Der wahrhaft Starke ist's schon mit dem ersten Schlage.
Infantin.
Und glaubst du denn, daß er das Äußerste gleich wage?
Er liebt dich viel zu sehr, um gegen dich zu kämpfen,
Ein Wort von dir genügt, um seinen Zorn zu dämpfen.
Chimene.
Ach, wenn er auf mein Wort nicht hört, bin ich erschlagen.
Was aber werden, folgt er mir, die Leute sagen?
Nie trägt ein Mann wie er stillschweigend solche Schmach.
Erstickt er seine Glut für mich, gibt er ihr nach –
Schmach oder Trennung ist und bleibt mein Los, gleichviel,
Was stärker ist in ihm, Lieb' oder Pflichtgefühl.
Infantin.
Chimen' ist hohen Sinns, so trifft es sie auch schwer –
Sie duldet niedrige Denkweise nimmermehr.
Doch nehm ich nun, bis wir zum Friedensschluß gelangen,

Den kühnen Liebenden für einige Zeit gefangen,
Damit ich seinen Mut zu andern Zielen lenke –
Wär's möglich, daß ich euch durch solches Handeln
                                       kränke?

Chimene.
Wenn Ihr so denkt, dann hab ich keine Sorgen mehr.
(Die Infantin geht zur Tür und winkt den Pagen herein.)

VIERTER AUFTRITT

Die Vorigen. Der Page.

Infantin. Geh, Page, hole mir gleich Don Rodrigo her.
Page. Er ist mit Don Gomez ...
Chimene.   Muß ich von neuem bangen?
Page. Er ist mit Don Gomez soeben fortgegangen.
Chimene. Allein?
Page.   Die zwei allein in leisem, heftigem Streit,
So schien mir's wenigstens.
Chimene.   Prinzessin, Ihr verzeiht,
Doch ich muß gehn, ich muß erfahren, was geschah.
(Ab mit dem Pagen.)

FÜNFTER AUFTRITT

Infantin. Leonor.

Infantin. O Leonor, es geht mir alles dies so nah!
Ihr Unglück schmerzt mich sehr, jedoch sein Heldenmut
Begeistert mich und weckt im Herzen neue Glut.
Was jetzt Rodrigo von Chimen' zu trennen droht,
Weckt meine Hoffnung neu zugleich mit neuer Not.
Wohl bin ich stark bewegt von Mitleid für sie beide,
Und fühl im Herzen doch etwas geheime Freude.
Leonor. Die hohe Tugend, die sonst Euer Leben lenkt,
Ward sie so schnell durch die unwürdige Glut verdrängt?
Infantin.
Unwürdig sollst du nicht sie nennen; ob sie nun
Auch triumphiert, werd ich doch nie Unwürdiges tun.
Du sollst sie achten. Wenn sich auch die Tugend wehrt,
Ist diese Liebe doch mir über alles wert,

2. Aufzug, 5. Auftritt 21

    Und immer schwebt dem schlecht geschützten Herzen vor
    Der Kühne, Stolze, den Chimene nun verlor.
Leonor. So gebt für immer Ihr ihn auf, den freien Mut?
    Statt der Vernunft regiert nur noch das heiße Blut?
Infantin.
    Wann ward die Stimme der Vernunft jemals gehört,
    Ward unser Herz durch solch ein süßes Gift betört?
    Und ist der Kranke in sein Leiden erst verliebt,
    Verschmäht er jegliche Arznei, die man ihm gibt.
Leonor.
    Eur Traum berauscht Euch, doch daß Ihr ihm angehört,
    Ist Don Rodrigo, sei er noch so stolz, nicht wert.
Infantin.
    Das weiß ich nur zu gut, und gibt die Tugend nach,
    So nur, weil übergroß die Kraft, dran sie zerbrach.
    Zeigt Don Rodrigo sich gewachsen der Gewalt
    Des Helden, der bisher für unbesiegbar galt,
    Tat er, was meiner wert zu sein, mehr als genug.
    Was könnte der nicht, der den Grafen Gomez schlug?
    Vorstellen kann ich mir, er brauchte nur zu winken,
    Daß Königreiche ihm besiegt zu Füßen sinken.
    Prophetischen Auges sieht ihn meine Liebe schon
    Im Purpurmantel auf Granadas Königsthron.
    Vor seinem Glanz erlischt der Mauren heller Stern,
    Und Aragonien beugt sich vor dem neuen Herrn.
    Ich sehe Portugal zu seinen Füßen liegen
    Und übers Meer hinaus den Ruhm des Helden fliegen.
    Der Lorbeer färbt sich rot von Afrikanerblut,
    Und alles, was man sich erzählt von Heldenmut —
    Nach diesem Sieg erwart ich's von Rodrigo leicht,
    Daß solche Liebe mir zum Ruhme nur gereicht.
Leonor. Hat Euer Liebestraum Euch nicht zu viel gezeigt
    Als Folgen eines Kampfs, zu dem's nie kam vielleicht?
Infantin.
    Aufs bitterste gekränkt ward Don Rodrigos Ehr' —
    Er ging mit Gomez fort. Braucht's der Beweise mehr?
Leonor.
    Nun gut, sie schlagen sich, weil Ihr darauf besteht.
    Doch wird Rodrigo dann so weit gehn, wie Ihr geht?
Infantin.
    Was willst du? Ich bin toll, im Dunkeln irrt mein Geist,

Wer weiß, wohin zuletzt die Leidenschaft mich reißt.
Komm mit in mein Gemach. Ich bleibe nicht allein.
Bis alles sich geklärt hat, mußt du bei mir sein.
(Beide ab.)

SECHSTER AUFTRITT

Der König. Don Arias. Don Sancho.

König.
Hartnäckig also bleibt der Graf und sieht nichts ein,
Meint, ohne weiters ließ' sich seine Tat verzeihn?

Arias.
Sehr lange sprach ich, Herr, zu ihm in Eurem Namen –
Und ließ ihn stehn, weil wir zu keinem Ende kamen.

König.
Darf solch ein Trotzkopf von Vasall es heute wagen,
Zu seines Königs Wunsch ganz einfach nein zu sagen?
Kränkt Don Diego tief und wagt's so weit zu treiben,
Mir, seinem Könige, mein Verhalten vorzuschreiben!
Den großen Kriegsheld weiß ich ebenso zu ehren
Wie seinen Übermut, wenn's nottut, abzuwehren.
Wär' er auch in Person des Krieges großer Geist,
Er müßte dennoch sehn, was Ungehorsam heißt.
Allein, so ehrfurchtslos und trotzig sein Gebaren,
Ich wollte gegen ihn nicht allzu streng verfahren.
Doch er bleibt störrisch, drum seht zu, daß ihr von heut,
Gleichviel, wie er sich stellt, stets seiner sicher seid.

Sancho.
Wer weiß, ob nicht die Zeit von selbst das Ihre tut.
Wir nahten ihm zu früh, noch kocht zu heiß sein Blut.
Wie oft geschieht's, daß just solch edles Herz schwer irrt,
Wenn es so plötzlich und so hart getroffen wird.
Daß er im Unrecht ist, hat er schon eingesehn,
Doch hindert ihn sein Stolz, es offen zu gestehn.

König.
Ihr tätet gut, Ihr schwiegt, Don Sancho, ein Verbrechen
Begeht, wer jetzt noch wagt, für diesen Mann zu sprechen.

Sancho.
Gut, ich verstumme, Herr; doch wollt Ihr mir gewähren
Zu seinen Gunsten nur zwei Worte noch?

2. Aufzug, 6. Auftritt

König. Laßt hören.
Sancho.
Es fühlt ein edles Herz, gewöhnt an große Taten,
Sich, wenn's ans Feilschen geht, betrogen und verraten.
In seiner Ehre fühlt sich's irgendwie verletzt.
Das ist's allein, weshalb der Graf sich widersetzt.
Er glaubt, daß Ihr, zu streng, ihm irgend unrecht tut,
Und eher folgt' er Euch, besäß er weniger Mut.
Befiehlt ihm, daß sein Arm, erprobt in mancher Schlacht,
Den Fehler wieder gut in hartem Kampfe macht –
Zu solchem Ausgleich ist er jederzeit bereit,
Mag kommen, was da will. Dies wäre sein Bescheid.
König.
Euch fehlt's an Ehrfurcht. Doch der Jugend sei's verziehn,
Wagt sie einmal zu viel und redet allzu kühn.
Es wird ein König, im Regieren wohlerfahren,
Der Untertanen Blut mit höchster Sorgfalt sparen,
Auch das der meinigen ich. Ich halte treu zu ihnen,
Wie jeder Gutsherr zu den Leuten, die ihm dienen.
So kann mich, was Ihr sagt, auch gar nicht überzeugen.
Ihr spracht als Krieger, ich muß mich als König zeigen.
Was dieser Graf auch sagt, was er auch glaubt – darum
Verliert er, folgt er mir, noch nichts von seinem Ruhm.
Die Kränkung traf auch mich. Nach dem, was sich
ereignet,
Ist mein Erwählter für sein Amt nicht mehr geeignet.
Es greift mich selber an, wer meine Wahl anficht,
Der herrschenden Gewalt schlägt frech er ins Gesicht.
Doch nun genug davon. Zehn Maurenschiffe sah
Man auf der See. Sie sind der Küste schon ganz nah.
Wenn in die Mündung sie des Flusses ungestört ...
Arias.
Sind sie noch immer nicht genug von Euch belehrt?
Ist's möglich denn, daß sie trotz allem nicht verzagen
Und es noch einmal mit dem großen Sieger wagen?
König. Es hat die Mauren stets aufs neu in Wut gebracht,
Daß Andalusien noch steht in meiner Macht.
Und dieses schöne Land, drin sie so lange Zeit
Die Herren waren, weckt noch immer ihren Neid.
Das war der Grund nur, daß ich vor zehn Jahren schon
Sevilla machte zu Kastiliens Herrscherthron.

Ich hab sie stets im Aug', und wenn sie etwas wagen,
Hab ich die Möglichkeit, sie gleich zurückzuschlagen.
Arias.
Belehrt hat sie bereits manch schmerzlicher Verlust,
Daß man sich ihrer zu erwehren stets gewußt.
Zu fürchten habt Ihr nichts.
König. Und nichts zu übersehn.
Zu viel Selbstsicherheit muß die Gefahr erhöhn.
Die Flut begünstigt sie. Denkt Ihr denn nicht daran,
Wie schnell die Strömung bis hierher sie treiben kann?
Doch war's nicht recht von mir – ich will es offen sagen –
Den Herzen vor der Zeit schon Schrecken einzujagen.
Durch den Alarm, so fürcht ich, wird in dieser Nacht
Die Stadt mir viel zu sehr aus ihrer Ruh' gebracht.
Am Strand und auf der Mau'r – mehr tut heut nacht nicht
not –
Verstärkt die Wachen mir.

SIEBENTER AUFTRITT

Die Vorigen. Don Alonso.

Alonso. Graf Gomez, Herr, ist tot.
Don Diego rächte sich durch seines Sohnes Hand.
König.
Daß es so kommen muß, hab ich doch gleich erkannt.
Verhindern wollt' ich es. Vergebliches Bemühn!
Alonso. Chimene, überströmt von Tränen, auf den Knien
Fleht zu dir, Herr, daß ihr Gerechtigkeit geschehe.
König.
Sosehr ich ihren Schmerz auch würdige und verstehe –
Schwer, unerträglich war die Freveltat des Grafen
Und Don Rodrigo ganz im Recht, sie so zu strafen.
Doch ist auch unbefleckt des jungen Manns Gewissen –
Nicht ohne weiters kann ich solchen Helden missen.
Den Tapfern, der so viel getan für meinen Staat,
Der tausendmal sein Blut für mich vergossen hat –
Hat auch sein Hochmut nur verschuldet, was geschah –,
Es ist mir leid um ihn, sein Ende geht mir nah.

ACHTER AUFTRITT

Die Vorigen. Don Diego. Chimene.

Chimene. Herr, Herr, Gerechtigkeit!
Diego.   Sieh mich hier flehen, sieh!
Chimene. Zu deinen Füßen...
Diego.   Ich umklammre deine Knie!
Chimene. Ich suche nur mein Recht!
Diego.   Hör die Verteidigung an!
Chimene.
Straf den Leichtfertigen, der das Furchtbare getan!
Den Todesstoß gab er der Stütze deines Thrones,
Erschlug den Vater mir...
Diego.   Und tat die Pflicht des Sohnes.
Chimene.
Ward Blut vergossen, hat der König Recht zu sprechen.
Diego. Gerechte Rache galt noch nirgends als Verbrechen!
König.
Steht alle beide auf und sprecht ganz unbefangen.
Chimene, Euer Schmerz ist mir auch nahgegangen.
Des edlen Grafen Tod trifft mich nicht minder schwer.
(Zu Diego.)
Ihr unterbrecht sie nicht. Ihr redet dann nachher.
Chimene.
Mein Vater, Herr, ist tot. Ich sah sein edles Blut
Entströmen seiner Brust in heißer roter Flut.
Dies Blut, Herr, das so oft vor diesen Mauern rann,
Dies Blut, Herr, das für Euch so manche Schlacht gewann,
Dies edle Blut, o Herr, wie zornig schäumt es gleich,
Weil es vergossen ward hier, aber nicht für Euch!
Weil keine Schlacht für Euch zum Sieg ihn sterbend trug,
Weil ihn Rodrigo hier vor Eurem Hof erschlug.
Zum Kampfplatz eilt' ich hin, verzweifelt,
                                        schreckensbleich.
Er lebte schon nicht mehr. O Herr, ich bitte Euch,
Erlaßt mir, was noch kommt; ich kann nicht
                                        weitersprechen.
Erraten könnt Ihr's leicht aus meiner Tränen Bächen.
König.
Faß Mut, mein liebes Kind, dein König sorgt fortan
So warm für dich, wie nur ein Vater sorgen kann.

Chimene.
  Für meinen Jammer, Herr, ist das schon zuviel Ehr'.
  Zum Kampfplatz kam ich hin, er lebte schon nicht mehr.
  Die Wunde klaffte tief; zu steigern meine Glut,
  Schrieb meine Pflicht mir in den Sand sein strömend Blut.
  Nein, seine Größe war es, die in dieser Stunde,
  So tief geschändet, zu mir sprach aus seiner Wunde.
  Durch meine Stimme, die hilflose, will sie's wagen,
  Vor dem gerechtesten der Könige zu klagen.
  Herr, duldet nicht, daß hier, wo Ihr das Zepter führt,
  Der Eigenwille, frech, durch nichts gehemmt, regiert,
  Und daß die Edelsten, wie wir es schmerzlich jetzt
  Erlebten, der Gewalt der Willkür ausgesetzt,
  Daß solch ein junger Fant sich über sie erhöht,
  Sich wäscht in ihrem Blut und ihr Gedächtnis schmäht.
  Die Jugend, denkt Ihr nicht des Helden Tod zu sühnen,
  Wird künftig kaum viel Lust noch zeigen, Euch zu dienen.
  Mein Vater ist nun tot. Und mehr um Euretwillen
  Verlang ich Rache, als um meinen Groll zu stillen.
  Vergoßnes Blut müßt Ihr durch Blut zu rächen wissen.
  Ward Euch ein Ritter von so hohem Rang entrissen,
  Dann straft! Nicht meinethalb. Es geht um Euren Thron,
  Um Euren Ruhm, um die geheiligte Person
  Des Herrschers, um das Wohl von Eurem ganzen Staat.
  Soll sich der Schuldige gar noch rühmen seiner Tat?
König. Was sagt Diego nun?
Diego.   O glücklich, wer sein Leben
  Mit seiner Körperkraft zugleich hinweggegeben!
  Daß hohes Alter doch so manchem edlen Mann
  Noch so viel Unheil vor dem Ende bringen kann!
  Ich, der so viel des Ruhms gewann in langem Mühn,
  Der ich den Sieg stets sah vor meinen Fahnen ziehn –
  Ich stehe, nur weil ich zu viele Jahre sah,
  Geschlagen und beschimpft am Lebensabend da.
  Wozu noch keine Schlacht, kein Angriff mich gezwungen,
  Was nicht Granada ist noch Aragon gelungen,
  Mein ärgster Feind selbst wagt solch eine Roheit nicht –
  Er aber tat's – und fast vor Eurem Angesicht,
  Gekränkt durch Eure Wahl, den Vorteil nutzend, wie
  Mein hohes Alter ihm, dem Jüngeren, verlieh.
  Herr, dieses Haar, gebleicht in Frost und Sonnenglut,

2. Aufzug, 8. Auftritt

Dies ach! so viele Mal' für Euch vergoßne Blut,
Der Arm, der oft den Trotz von ganzen Heeren brach –
Sie stiegen jetzt hinab ins Grab, bedeckt mit Schmach,
Ward, meiner würdig, mir nicht dieser Sohn beschert,
Wert seiner Heimat auch und seines Königs wert.
Er lieh mir seine Hand, er schlug den Grafen nieder.
Er sühnte meine Schmach, gab mir die Ehre wieder.
Wer so viel Mut beweist, so eine Ohrfeig' sühnt,
So heftig zürnen kann, hat Strafe wohl verdient.
Doch was hier auch geschah, die ganze Schuld ist mein,
Denn sündigte der Arm, straft man das Haupt allein.
Und wenn Ihr, Herr, hier selbst an ein Verbrechen glaubt,
So war es nur der Arm, ich aber war das Haupt.
Und klagt Chimen' ihn als des Grafen Mörder an –
Hätt' ich es noch vermocht, hätt' er es nie getan.
So straft dies Haupt, dem doch nur kurze Frist vergönnt,
Und sichert Euch den Arm, den Ihr noch nützen könnt.
Auf Kosten meines Bluts befriedigt nun Chimen'.
Ich füg mich Eurem Spruch und will nicht widerstehn.
Sprecht Euer Urteil aus! So schwer mich's treffen soll –
Ich sterbe frei von Schmach und so auch ohne Groll.
König.
Der Fall ist äußerst ernst. Irrtümer zu vermeiden,
Kann ich allein nicht, muß mein Rat mit mir entscheiden.
Don Sancho, seid so gut und führt Chimene fort.
(Zu Diego.)
Für Euch genügt mir wohl als Bürgschaft Euer Wort.
Schickt Euren Sohn mir her. Ich will mein Urteil sprechen.
Chimene.
Mord, großer König, ist nur durch den Tod zu rächen.
König.
Ruh jetzt, mein Kind, versuch dem Schmerz zu widerstehn.
Chimene.
Jetzt ruhen wollen heißt mein Unglück nur erhöhn.

DRITTER AUFZUG

ERSTER AUFTRITT

Rodrigo. Elvire.

Elvire.
   Was tatst du, Elender? Weswegen kommst du her?
Rodrigo. Mein trauriges Schicksal hier vollend ich –
                                   sonst nichts mehr.
Elvire. Was hat so stolz, was so verwegen dich gemacht?
   Du zeigst dich hier, wohin du so viel Leid gebracht?
   Des Grafen Schatten selbst gönnt keine Ruhe dir?
   Du tötetest ihn doch!
Rodrigo.   Die Ehre raubt' er mir!
   Mit dieser meiner Hand löscht' ich die Schande aus.
Elvire.
   Und Zuflucht suchst du jetzt in deines Opfers Haus?
   Wann unterstand sich wohl ein frecher Mörder mehr?
Rodrigo.
   Nur meinem Richter mich zu stellen komm ich her.
   Was starrst du mich so an, verwundert und entsetzt?
   Ich gab den Tod und such ihn für mich selber jetzt.
   Mein Richter ist die Lieb', mein Richter ist Chimen'.
   Vor ihrem Haß muß ich als Todeswürdiger stehn.
   Als treuer Untertan empfang ich wohl sogleich
   Aus ihrem Mund den Spruch, von ihrer Hand den Streich.
Elvire.
   Komm ihr nicht nah – glaub mir, ich rate dir jetzt gut!
   Aufs neu entzündet nur dein Anblick ihre Wut,
   Daß alles, was sie mit Gewalt zurückgedrängt,
   Sich über dich ergießt und alle Fesseln sprengt.
Rodrigo.
   Nein, nein, dies liebe Kind, dem ich so weh getan,
   Wird nicht so grausam sein, ihr nehmt es fälschlich an.
   Und wenn die Zukunft mir mit hundert Toden droht,
   Erspart sie alle mir von lieber Hand der Tod.
Elvire.
   Chimen' ist im Palast, vom Weinen ganz benommen.
   Kommt sie zurück, so wird sie reich begleitet kommen.
   Rodrigo, geh jetzt fort, erspar die Sorge mir.
   Bleibst du, was gibt es dann für ein Gerede hier!

3. Aufzug, 2. Auftritt

Soll's heißen, daß sie den, der all ihr Leid verschuldet,
Den Vater ihr erschlug, in ihrer Nähe duldet?
Ich hör sie kommen. Geh, bevor es noch zu spät.
Chimenens Ehre ist's, die auf dem Spiele steht.
(Rodrigo ab.)

ZWEITER AUFTRITT

Elvire. Chimene. Don Sancho.

S a n c h o.
  Was man Euch angetan, Blut einzig sühnt es voll.
  Gerecht ist Euer Schmerz so gut wie Euer Groll.
  Wo andre stets zum Trost die schönsten Worte fanden –
  Ich habe diese Kunst bisher noch nie verstanden.
  Doch ist vor allem Euch tatkräftige Hilfe wert,
  So straft den Schuldigen noch heut mein gutes Schwert.
  Gebt meiner Liebe jetzt den Auftrag, diesen Tod
  Zu rächen; Riesenkraft verleiht mir Eu'r Gebot.
C h i m e n e. Weh mir Unseligen!
S a n c h o.   Was schafft Euch noch Bedenken?
C h i m e n e. Der König selber wahrt mein Recht. Ich könnt'
                                               ihn kränken.
S a n c h o. Ihr wißt, wie langsam er dabei zu Werke geht.
  Mit der Verfolgung kam er meistenteils zu spät.
  Was kostet diese Qual an Tränen Euch allein!
  Doch tritt ein Ritter gleich mit Waffen für Euch ein,
  Dann ist auch alles klar, der Streit wird ausgetragen.
C h i m e n e.
  Das letzte Mittel ist's. Will keines mehr verschlagen,
  Fühlt Ihr dann noch wie jetzt, könnt noch wie heute
                                               sprechen,
  Dann, Ritter Sancho, mögt Ihr meine Kränkung rächen.
S a n c h o.
  Dies ist das einzige Glück, das hier mir noch beschieden,
  Und da ich hoffen kann, geh ich nun tief zufrieden.
                     (Er geht ab.)

DRITTER AUFTRITT

Chimene. Elvire.

Chimene.
  Nun bin ich endlich frei und kann jetzt ungestört
  Dir offen eingestehn, was mich zumeist beschwert.
  Luft endlich machen muß ich dem gequälten Herzen.
  Mit mir gemeinsam sollst du tragen meine Schmerzen.
  Mein armer Vater ist nun tot. Rodrigos Schwert
  Hat sich, da es ihn schlug, zum erstenmal bewährt.
  Weint, meine Augen, weint! Hin sank mein halbes Leben!
  Die andre Hälfte war's, die ihm den Tod gegeben.
  Und nun verlangt die Pflicht, ich müßte Rache üben
  Für die, die ich verlor, an der, die mir geblieben.
Elvire. Herrin, beruhigt Euch!
Chimene. Fast dünkt es mich Verbrechen,
  Bei solchem großen Leid von Ruhe mir zu sprechen!
  Über mein Unglück soll ich mich in Ruhe fassen,
  Und kann doch den, der es verschuldet, nimmer hassen!
  Was ist mir anders als endlose Qual beschieden?
  Ich räche einen Mord und muß den Mörder lieben!
Elvire. Der Vater fiel, und Ihr liebt den, der ihn getötet?
Chimene.
  Ach, Lieben sagt nicht viel, ich hab ihn angebetet,
  Und meine Leidenschaft liegt mit dem Groll im Streit:
  Im Feinde seh ich den Geliebten jederzeit.
  Ich fühl's wie in der Brust mir, was mein Zorn auch spricht,
  Rodrigo immer noch mit meinem Vater ficht.
  Er drängt, er weicht zurück, verteidigt sich, greift an,
  Bald schwach, bald zögernd nur und wieder siegreich dann.
  Doch dieser heiße Kampf von Lieb' und Kindespflicht
  Zermalmen kann er wohl mein Herz, doch teilen nicht,
  Und mag auch noch so groß die Macht der Liebe sein,
  Entscheidend bleibt für mich doch nur die Pflicht allein.
  Rodrigo ist mir lieb, mein Herz bleibt ihm geneigt,
  Doch geh ich fest den Weg, den mir die Ehre zeigt.
  Ich lieb ihn nach wie vor, doch er verlor das Spiel,
  Ich weiß noch, wer ich bin, und daß mein Vater fiel.
Elvire. Verfolgen wollt Ihr ihn?
Chimene. Entsetzlicher Gedanke!
  Allein ich muß es tun, und weh mir, wenn ich wanke!

Ich fordere sein Haupt und fürcht es zu gewinnen,
Fällt er auf mein Geheiß, dann muß auch ich von hinnen.
Elvire.
Verzichtet auf den Plan. Zu solchen Grausamkeiten
Seid Ihr nicht fähig. Laßt Euch nicht dazu verleiten.
Chimene.
Wie? Was? Mein Vater starb – und fast in meinen Armen!
Sein Blut heischt Rache – und ich soll mich nicht erbarmen!
Mein Herz, schmachvollerweis durch andern Reiz betört,
Das hielte ihn nur noch kraftloser Tränen wert!
Nein, dieser Liebe, nähm' sie mich auch ganz zu eigen,
Opfr' ich die Ehre nicht durch würdeloses Schweigen.
Elvire.
Glaubt mir, ein jeder wird's verstehen und verzeihn,
Will gegen den man liebt man etwas milder sein.
Und liebt man gar wie Ihr! Ihr habt genug getan.
Ihr spracht den König, er nimmt sich nun Eurer an.
Habt nur etwas Geduld! Laßt die Vernunft doch sprechen!
Chimene.
Es geht um meinen Ruhm! Ich will und muß mich rächen.
Und zur Entschuldigung jetzt noch an Liebe denken
Ist einfach würdelos, muß alle Edeln kränken.
Elvire. Und dennoch liebt Ihr ihn, so weh er Euch getan.
Chimene. Das muß ich wohl gestehn.
Elvire.   Was ist nun Euer Plan?
Chimene. Her stell ich meinen Ruf, beende so mein Leid,
Verfolg, vernichte ihn – und sterb an seiner Seit'.

VIERTER AUFTRITT

Vorige. Rodrigo.

Rodrigo.
Hier bin ich, um dir die Verfolgung zu ersparen.
So grausam, wie du willst, kannst du mit mir verfahren.
Chimene.
Wo sind wir denn, Elvir'? In meinem eignen Haus
Geht unbehindert Don Rodrigo ein und aus!
Rodrigo.
Nur keine Schonung jetzt! Mein Blut mag ruhig strömen.
Ganz nach Belieben kannst du Rache an mir nehmen.

Chimene. Weh!
Rodrigo. Hör mich an.
Chimene. Ich sterb...
Rodrigo. Ein Augenblick; nicht mehr.
Chimene. Geh, laß mich sterben! Geh!
Rodrigo. Nur noch dies eine hör!
Die Antwort gibst du mir mit diesem Schwerte dann.
Chimene.
Dem Schwert, davon das Blut von meinem Vater rann.
Rodrigo. Chimene!
Chimene. Hinweg! Ich seh's mit Abscheu nur und Beben.
Es mahnt an deine Tat und daß du noch am Leben!
Rodrigo. Betracht es nur genau. In deinen Händen soll
Es meine Qual erhöhn und steigern deinen Groll.
Chimene. Auch mein Blut klebt daran.
Rodrigo. So misch es mit dem meinen.
Mag sterbend noch mein Blut eins werden mit dem deinen.
Chimene. O grauenvoller Tag! O Mordtat fürchterlich!
Den Vater erst durchs Schwert, dann durch den Anblick
                                                         mich...
Tu's fort! Nie kann ich ja das Schreckliche vergessen.
Mich sprechen wolltest du und tötest mich statt dessen.
Rodrigo.
Ich folge deinem Wunsch und will trotzdem mitnichten
Auf den ersehnten Tod von deiner Hand verzichten.
Denn glaube nicht, daß ich, was ich zu Recht getan,
Aus Liebe nur zu dir nun feig bereuen kann.
Des Grafen Wutausbruch, nicht gutzumachen mehr,
Raubt' meinem Vater und somit auch mir die Ehr'.
Was solch ein Backenstreich für einen Ehrenmann
Bedeutet, weißt du ja. Ich nahm die Fordrung an,
Ich fand den Schuldigen, ich rächte unsre Ehre.
Ich tät' es noch einmal, sofern es nötig wäre.
Es ist nicht wahr, daß ich als Liebender nicht lang
Mit meinem Vater und mir selber um dich rang.
Urteile selbst, wie viel ich dieser Liebe zollte:
Ich überlegte noch, ob ich mich rächen sollte!
Ertrag ich diese Schmach? Soll ich auf dich verzichten?
Zu schnelle Arbeit schien mein Arm mir zu verrichten.
Daß ich zu hitzig war, beraubte mich der Ruh',
Und deine Schönheit tat das Ihrige dazu.

3. Aufzug, 4. Auftritt

Dies eine gab zuletzt den Ausschlag: daß ein Mann,
Der Ehre bar, niemals dein Gatte werden kann.
Und muß nicht jenem Teil von dir, der mir gehörte,
Der Edle lieb sein und zuwider der Entehrte?
Wenn ich der Leidenschaft zulieb die Schmach nicht sühnte,
Bewies' ich damit nur, daß ich dich nicht verdiente.
Ich sage dir: So schwer auch das Geschick mich schlug –
Und sagen werd ich's bis zum letzten Atemzug:
Ich tat dir weh – und mußt' es, denn nur so allein
Lösch ich die Schande und kann deiner würdig sein.
Getilgt ist nun der Fleck und rein des Vaters Ehr',
In deiner Hand allein liegt mein Geschick nunmehr.
Ich bringe dir mein Blut – nun übe du Gericht.
Auch jetzt noch, wie vorhin, erfüll ich meine Pflicht.
Daß dich des Vaters Tod entrüstet, kann ich glauben,
Und deines Opfers drum wollt' ich dich nicht berauben.
Des Vaters Blut, wie es von diesem Schwerte floß,
Vermisch mit dessen, der sich rühmt, daß er's vergoß.

Chimene.
Dir feind muß ich jetzt sein. Allein ich will's nicht leugnen,
Ich kann, was du getan, als Unrecht nicht bezeichnen.
Was du mir zugefügt, mag noch so furchtbar scheinen –
Ich klage dich nicht an, nichts kann ich als nur weinen.
Ich weiß ja, daß ein Mann von Ehre, so gekränkt,
An gar nichts andres mehr als an Vergeltung denkt.
Du hast nur deine Pflicht getan, ich geb es zu,
Doch mich damit auch an die meine mahntest du.
Was du als Held getan, das wurde mir zur Lehre:
Den Vater rächtest du und rettetest die Ehre.
Das gleiche liegt mir ob und muß durch mich geschehn:
Den Vater rächen und des Hauses Ruhm erhöhn.
Doch wehe! Warum muß durch dich das Unheil kommen?
Hätt' sonst ein Mißgeschick den Vater mir genommen,
Bei dir allein dann hätt' ich Kraft und Trost gefunden,
War doch kein andrer Mann so eng mit dir verbunden.
Und leichter könnt' ich mit dem Schicksal mich versöhnen,
Wenn solche liebe Hand mir trocknete die Tränen.
Doch nun verlier ich dich, nachdem ich ihn verlor.
Solch bittern Verzicht schreibt mir die Ehre vor.
Ich kann ihm nicht entgehn, dem tödlich harten Zwang,
Arbeiten muß ich selbst am eignen Untergang.

Auf eins nur rechnet nicht: daß ich um meiner Liebe,
Kommt's nun zum Strafgericht, noch irgend Nachsicht übe.
Soll deines Opfermuts der meine würdig sein,
So darf auch ich gleich dir das Äußerste nicht scheun.
Um meiner wert zu sein, hast du mich tief versehrt.
Ich fordre deinen Tod – und bin so deiner wert.

Rodrigo.
Mißdeute nicht, was dir zur Pflicht die Ehre macht!
Sie fordert meinen Kopf – ich hab ihn dir gebracht.
Bring dieses Opfer denn – so will es deine Pflicht.
Der Tod, von dir verhängt, ist süß und schreckt mich nicht.
Auf milders Urteil harrn nach allem, was geschehn,
Heißt schmälern deinen Ruf und meine Qual erhöhn.
Ich sterbe glücklich, wird solch schönes Ende mein.

Chimene.
Deine Genossin, nicht dein Henker will ich sein.
Du bietest mir dein Haupt, nehm ich es einfach an?
Angreifen muß ich es und du verteidigen dann.
Aus andrer Hand empfang ich dich, aus deiner nicht.
Dich zu verfolgen, nicht zu strafen ist mir Pflicht.

Rodrigo.
Wenn noch im Herzen dir die Liebe nicht verblich,
Darfst du nicht weniger großmütig sein als ich.
Dann kannst du aber, um des Vaters Tod zu sühnen,
Dich einer andern Hand als Werkzeug nicht bedienen.
Wie ich allein mich für den Vater eingesetzt,
So liegt bei dir allein auch die Vergeltung jetzt.

Chimene.
Grausamer! Daß auch nichts dich überzeugen kann!
Du rächst dich ohne Hilf', mir bietest du sie an.
Dein Beispiel gilt auch mir. Ich habe Mut genug,
Allein zu stehn, so schwer mich auch das Schicksal schlug.
Nicht meine Ehre noch mein Vater könnt' es dulden,
Daß deiner Liebe wir nur das geringste schulden.

Rodrigo.
Unmenschlich Ehrgefühl! Weh mir! Ich kann's verstehn
Und wag's trotz alledem, um Gnade dich zu flehn.
Den toten Vater ruf ich, unsre Freundschaft an:
Kannst du's aus Rache nicht, straf mich aus Mitleid dann.
Gern würde ich den Tod von deiner Hand erstreben,
Doch furchtbar wär' es mir, von dir gehaßt zu leben.

3. Aufzug, 4. Auftritt

C h i m e n e. Geh nun, ich haß dich nicht.
R o d r i g o.   Du mußt's.
C h i m e n e.   Ich kann es nicht.
R o d r i g o. Dich schreckt die Schmach nicht? Kein Gerede,
                                                   kein Gerücht?
  Wird erst einmal bekannt dein wunderlich Verhalten –
  Wie muß Verleumdung da und Mißgunst sich entfalten!
  Streit nicht mehr! Willst du dich des Vaters würdig zeigen,
  So gib den Tod mir, und du machst sie alle schweigen.
C h i m e n e.
  Zu höherm Ruhm gereicht mir's, laß ich dich am Leben.
  Es soll der schlimmste Neid – danach geht jetzt mein
                                                            Streben –
  Bewundernd auf mich schaun und sich mit mir betrüben,
  Sieht er mich dich zugleich verfolgen und dich lieben.
  Geh jetzt, verlasse mich, nicht länger zeige mir,
  Was ich, die immer noch dich liebt, in dir verlier.
  Schleich unbemerkt hinaus, es darf dich keiner sehn.
  Entdeckt dich jemand, ist's um meinen Ruf geschehn.
  Den Übelwollenden erschein ich schwer verschuldet,
  Wenn sie erfahren, daß dein Hiersein ich geduldet.
  Daß meine Tugend man anzweifelt, laß nicht zu.
R o d r i g o. O gib den Tod mir!
C h i m e n e.   Geh!
R o d r i g o.   Was denn beschließest du?
C h i m e n e.
  Trotz all der Qualen, die mir fast das Herz zerbrechen,
  Tu ich mein Möglichstes, des Vaters Tod zu rächen.
  Doch faßt auch diese Pflicht mich noch so grausam an –
  Mein einziger Trost ist, daß ich nichts erreichen kann.
R o d r i g o. O Liebe wunderbar!   O namenloses Leid!
R o d r i g o.
  Welch bittres Elend ward uns durch der Väter Streit!
C h i m e n e. Wer hätte je geglaubt –
R o d r i g o.   Wer sich erkühnt zu sagen –
C h i m e n e.
  Daß unser Glück, noch kaum errungen, schon zerschlagen.
R o d r i g o.
  Daß plötzlich, da wir uns im Hafen schon geglaubt,
  All unsers Hoffens uns ein Wirbelsturm beraubt!

Chimene. O bittres, bittres Leid!
Rodrigo.   Wenn du statt dich zu wehren...
Chimene.
  Geh jetzt, ich bitte dich, ich kann dich nicht mehr hören.
Rodrigo.
  Leb wohl! Mein Leben wird nur Todessehnsucht sein,
  Bis deine Schergen mich zuletzt von ihm befrein.
Chimene.
  Wenn ich mein Ziel erreich – das schwöre ich dir zu –,
  Nicht einen Augenblick leb länger ich als du.
  Leb wohl jetzt und gib acht, daß keiner dich hier sieht.
      (Rodrigo ab.)
Elvire.
  Der Jammer, Herrin, den der Himmel uns beschied...
Chimene.
  Mich rührt jetzt nichts mehr. Sehn und sprechen mag ich
                                                    keinen.
  Nur Stille brauch ich und die Nacht, mich auszuweinen.
      (Beide ab.)

FÜNFTER AUFTRITT

Don Diego.
  Ach, volle Freude wird uns Menschen nie geschenkt,
  Den schönsten Stunden ist stets Kummer beigemengt.
  Es ist dafür gesorgt, daß nichts vollkommen sei.
  Stets sind wir neu bedroht, nie atmen wir ganz frei.
  Auf meines Glückes Höh' fühl ich mich schon befangen,
  Ich möchte jauchzen – und erzittere vor Bangen.
  Ich sah des Feindes Tod, der mich so schwer beleidigt,
  Und finde den nicht, der so siegreich mich verteidigt.
  Vergebens all mein Mühn, zerschlagen, todesmatt
  Und kaum noch hoffend, irr ich durch die ganze Stadt.
  Was mir, dem alten Mann, noch übrigblieb an Kraft,
  Vergeud ich nutzlos – und wie bald ist's hingerafft!
  In dieser finstern Nacht entgeht mir jede Spur –
  Mich dünkt, schon halt ich ihn – und 's ist ein Schatten
                                                    nur!
  Und neuer Täuschung stets von neuem hingegeben,
  Wächst auch der Argwohn stets und macht mich neu
                                                    erbeben.

Ach, Spuren seiner Flucht kann nirgends ich entdecken.
Des Toten Freunde sind's, die mich vor allem schrecken.
Ach, ihre große Zahl allein schon macht mich bangen!
Rodrigo lebt nicht mehr oder er sitzt gefangen.
O gütiger Himmel! Hast du mein Gebet erhört?
Ist er das oder bin ich abermals betört?
Er kommt! Er ist's! So hab ich endlich ihn gefunden,
Ich atme wieder frei, die Angst ist überwunden.

SECHSTER AUFTRITT

Don Diego. Don Rodrigo.

Diego.
Rodrigo! Endlich will der Himmel, daß wir beide ...
Rodrigo. Weh mir!
Diego.   Vergälle mir durch Klagen nicht die Freude.
Aufatmen laß mich, dich zu preisen nach Gebühr!
Als deines Vaters wert erscheinst du heute mir.
Großes vollbrachtest du, in deinem kühnen Mut
Bewährte glänzend sich der Väter Heldenblut.
Von ihnen kommst du her, du bist mein echter Sohn,
Dein erster Schwertschlag gleicht all den meinen schon.
Dein jugendliches Feu'r, dein frisches Heldentum,
So herrlich gleich bewährt, erhöht auch meinen Ruhm.
Der meinem Alter du nun Schutz und Schirm gewährst,
Streich dieses weiße Haar, ich weiß, wie hoch du's ehrst,
Küß diese Wange, die, befleckt von frecher Hand,
Durch deine Heldentat vollkommne Sühne fand.
Rodrigo.
Euch rächen stand nur mir und keinem andern an,
Ich habe weiter nichts als meine Pflicht getan.
Und ich bin glücklich, daß mein erster Probeschlag
Den, der mich zeugte, so mit Stolz erfüllen mag.
Doch müßt Ihr ohne Zorn das Recht mir zugestehn,
Mit andern Augen das Geschehne anzusehn.
Laßt meinen Kummer auch zu seinem Recht gelangen,
Ihr seid darüber viel zu leicht hinweggegangen.
Bereuen werd ich nie und nimmer meine Tat,
Doch wissen müßt Ihr, was sie mich gekostet hat.

Für Euch als Opfer muß mein Teuerstes mir dienen,
Mein Liebesglück gab ich dahin, Euch zu entsühnen.
Blutenden Herzens tat ich's, gab Euch alles hin.
Reichlich bezahlt ist so, was ich Euch schuldig bin.
Diego. Sei stolz auf deine Tat und rühm dich ohne Scheu!
Das Leben gab ich dir, du mir die Ehre neu.
Und da die Ehre doch weit mehr ist als das Leben,
Bin ich dein Schuldner jetzt und habe dir zu geben.
Doch edlen Herzen geht es nicht um solche Ziele.
Nur eine Ehre gibt's und sehr viel Liebesspiele.
Liebe ist nur Genuß, Ehre dagegen Pflicht.
Rodrigo. Was, Vater, sagt Ihr da!
Diego.   Du wußtest das noch nicht?
Rodrigo.
Meine gekränkte Ehr' weiß ich schon selbst zu rächen,
Ihr aber wagt es, von Verrat zu mir zu sprechen!
Den treulos Liebenden, der sein Gelübde brach,
Trifft wie den Flüchtling aus der Schlacht die gleiche
                                      Schmach.
In meine Treue dürft Ihr keine Zweifel setzen.
Was ich als Pflicht erkannt, zwingt mich nicht zu
                                 verletzen,
Zu eng, um so gesprengt zu werden, ist das Band.
Mein Glaube hält mich fest, wenn auch die Hoffnung
                                    schwand.
Besitzen kann ich nicht, verlassen nicht Chimene,
So ist mein letzter Trost der Tod, den ich ersehne.
Diego. An Tod zu denken ist jetzt nicht die rechte Zeit.
Dein König und dein Land braucht deine Hilfe heut.
Die Flotte, die schon lang gekreuzt an unsern Küsten,
Die will jetzt landen und das Stadtgebiet verwüsten.
Die Strömung und die Nacht begünstigen den Plan.
Man sieht und hört sie in der Finsternis nicht nahn.
Verwirrung überall, man weiß nicht aus noch ein,
Man sieht nur Tränen, hört nur Ach und Wehe schrein.
Doch nun geschah's, daß ich hier, im bedrohten Land,
Fünfhundert Freunde, Herrn sowohl als Knechte, fand,
Die, über die von mir erlittne Schmach empört,
Rache zu nehmen, sich sofort bereit erklärt.
Ihnen kamst du zuvor, doch sind gerettet wir,
Stürzt auf die Mohren sich jetzt ihre Kampfbegier,

3. Aufzug, 6. Auftritt

Wenn du, mein tapfrer Sohn – was aller Wunsch wohl
                                              wäre –,
An ihre Spitze trätst. So will's auch deine Ehre.
Wehr ab den alten Feind, der uns so oft bedroht,
Hier, wenn du sterben willst, wird dir der schönste Tod.
Verscherz die günstige Gelegenheit jetzt nicht,
Fall für den König in Erfüllung deiner Pflicht.
Doch besser kehr zurück, gekrönt mit Siegslorbeeren,
Zeig, daß du mehr vermagst als Kränkungen zu wehren.
Kommst du als Sieger, wird der König Gnade zeigen,
Wird dir vergeben, und Chimene muß dann schweigen.
Die eine Möglichkeit noch gibt's – sie wird versöhnt
Und schenkt ihr Herz dir neu, erscheinst du sieggekrönt.
Doch viel zu lange Zeit hab ich mit Reden schon
Vertan – und wünschte doch, du hättest Flügel, Sohn!
Geh, stürze dich ins Gefecht und zeig dem König jetzt:
Den er durch dich verlor, wird voll durch dich ersetzt.

VIERTER AUFZUG

ERSTER AUFTRITT

Chimene. Elvire.

Chimene.
Ist's nicht nur leerer Lärm? Auf Ehre und Gewissen!
Elvire. Ihr hättet, Herrin, selbst den Jubel sehen müssen!
Wie jetzt die ganze Welt den jungen Helden preist,
Wie er in aller Mund des Landes Retter heißt!
Der Mauren Kraft zerbrach an unsres Angriffs Wucht,
Schnell war ihr Aufmarsch, doch noch schneller ihre Flucht.
Drei Stunden nur, da war der Kampf bereits zu Ende.
Gefangen fielen uns zwei Könige in die Hände,
Das ganze Maurenheer geriet damit ins Wanken.
Chimene.
Und all die Wunder sind Rodrigo zu verdanken?
Elvire. Er hat die Könige zu Gefangenen gemacht,
Hat sie im Kampf besiegt – und das entschied die Schlacht.
Chimene.
Wie aber ward so schnell dies alles dir bekannt?
Elvire. Durchs Volk, das seinen Ruhm schon trägt durchs ganze Land.
Sie freuen sich an ihm, sehn sich durch ihn erfreut,
Ihr Engel ist er, der sie aus der Not befreit.
Chimene. Was hat der König zu Rodrigos Tat gesagt?
Elvire. Vor ihn zu treten hat der Held noch nicht gewagt.
Doch hat Don Diego, stolz auf seinen jungen Held,
Ihm schon die Könige in Fesseln vorgestellt
Und für des Vaterlands Befrei'r die Gnad' erbeten,
Bericht erstattend vor des Herrschers Thron zu treten.
Chimene. Verwundet ist er nicht?
Elvire.   Hab nichts davon gehört.
Was ist Euch? Ihr erbleicht, Ihr zittert, blickt verstört!
Chimene. Ließ jetzt mein Zorn auch nach – ist's recht von mir gedacht,
Wenn mich die Sorg' um ihn mich selbst vergessen macht?
Man preist ihn, jauchzt ihm zu, der Strom reißt mich mit fort,
Der Ehre Stimme schweigt, die Pflicht kommt nicht zu Wort.

Jetzt, Liebe, schweig! So rasch ward noch kein Mord
                                           verziehn!
Zwei Könige schlug er, doch mein Vater starb durch ihn!
Woran sein Heldentum zuerst Bewährung fand,
Zeigt, ach, zu deutlich nur mein schwarzes Trau'rgewand.
Und mag man noch so viel von seiner Großmut sprechen –
Hier mahnt mich alles, was ich seh, an sein Verbrechen.
Der ganze düstre Schmuck, Vorhänge, Blumen, Kerzen,
Spricht ohne Unterlaß zu mir von meinen Schmerzen.
Sein erster Sieg wird hier mit solchem Pomp bestattet,
Daß mein Verlangen nach Vergeltung nicht ermattet.
Und wenn dann noch einmal zu laut die Liebe spricht,
Mahn mich, du toter Schmuck, an meine heilige Pflicht!
Zeig mir den rechten Weg! Ergreif mich, reiß mich fort!

Elvire.
Nehmt Euch zusammen! Die Infantin seh ich dort.

ZWEITER AUFTRITT

Die Vorigen. Die Infantin. Leonor.

Infantin.
Nicht Trost zu spenden komm ich, denn ich finde keinen.
Bin nur gekommen, um mit dir vereint zu weinen.

Chimene.
Nehmt, Herrin, lieber teil am allgemeinen Glück,
Freut Euch mit allen, preist das gütige Geschick.
Ich bin die einzige, der ein Recht auf Klagen ward.
Das Furchtbare, vor dem Rodrigo uns bewahrt,
Das Wohl des Lands, für das er siegreich sich geschlagen,
Gestatten keinem als nur mir allein zu klagen.
Dem König dient er treu, er hat das Land befreit,
Aus seinem Heldentum ward mir allein nur Leid.

Infantin. Es ist ihm in der Tat Unglaubliches gelungen.

Chimene.
All das Geschwätz ist auch schon bis zu mir gedrungen.
Dazwischen hört man, bald mit Spott, bald mit Betrüben:
Solch großer Kriegsheld und so wenig Glück im Lieben!

Infantin.
Geschwätz nennst du das Lob, das ihm die Menge weiht!
Der junge Mars war dir noch lieb vor kurzer Zeit.

Dein Herz besaß er, dir auch wollt' er ganz gehören,
Ihn loben hieß soviel wie deine Wahl mit ehren.
Chimene.
Mag man, wohl gar mit Recht, nur loben meine Wahl –
Für mich ist jedes Lob nur eine neue Qual.
Mein Elend wächst nur, hebt man ihn so hoch empor,
Denn immer klarer seh ich so, was ich verlor.
O grausige Marter für ein liebendes Gemüt!
Je mehr sein Ansehn wächst, je mehr mein Feuer glüht!
Doch immer will die Pflicht mir noch das Stärkre scheinen.
Sie fordert seinen Tod, mag auch die Liebe weinen.
Infantin.
Bewundernswert erschien uns gestern dein Verhalten,
Da Ehr' und Pflicht allein dir als entscheidend galten.
Der ganze Hof nahm teil an deiner Liebe Schmerzen
Und beugte sich zugleich vor deinem großen Herzen.
Doch willst du jetzt, was dir die Freundschaft rät,
                                                verkennen?
Chimene.
Euch ungehorsam sein müßt' ich Verbrechen nennen.
Infantin.
Was gestern recht war, braucht es heut nicht mehr zu sein
Rodrigo ist uns Schirm und Schutz nun ganz allein,
Der Retter aus der Not, dem Volk unsagbar teuer,
Der Mauren blasser Schreck, Kastiliens Befreier.
Der König selbst ist von der Wahrheit überzeugt,
Daß deinem Vater so wie er kein andrer gleicht.
Ihn töten wollen – um es dir ganz kurz zu sagen –
Heißt nicht viel andres als das Land ins Unheil jagen.
Bedenke, was du tust! Des Vaters Tod zu sühnen
Soll dir die Heimat und das Volk zum Opfer dienen?
Sag an, mit welchem Recht? Willst du uns schuldig
                                                sprechen,
Uns strafen für ein nie begangenes Verbrechen?
O glaub mir, keiner wird dich zu vermählen wagen
Ihm, der den Vater dir, wenn auch im Kampf, erschlagen.
Ich selbst will deinem Groll nicht weiter Nahrung geben.
Bleib deiner Liebe treu, doch schenk uns nur sein Leben.
Chimene.
Nicht mir steht's zu, so viel an Liebe zu entfalten.
Die Pflicht, die jetzt mich drängt, ist viel zu sehr gespalten.

Mag ich auch weniger hart jetzt von dem Sieger denken,
Das Volk ihm huldigen und der König Gnade schenken,
Ob auch ein ganzes Heer begeistert für ihn ficht –
Meine Zypressen such ich, seinen Lorbeer nicht.
Infantin.
Es zeugt von hohem Geist, wenn man, des Vaters Tod
Zu rächen, opferfroh solch edles Haupt bedroht,
Doch die Gesinnung wird mit Recht noch mehr geschätzt,
Die vor das eigne Wohl das der Gesamtheit setzt.
Daß er dich nun verlor, dich nicht besitzen darf,
Ist Strafe schon genug für ihn, ja, fast zu scharf.
Ihn braucht das Volk, das Volk, die Menge jauchzt ihm zu.
Glaubst du am Ende gar, der König denkt wie du?
Chimene.
Abweisen kann er mich, doch schweigen kann ich nicht.
Infantin.
Bedenke, was du sprichst, dein Wort hat viel Gewicht.
Ich geh jetzt, überleg dir alles noch einmal.
Chimene.
Seitdem mein Vater starb, blieb mir nur eine Wahl.
(Chimene und die Infantin ab.)

DRITTER AUFTRITT

Der König. Diego. Arias. Rodrigo. Sancho.

König. Solch hoher Ahnen hast du würdig dich gezeigt,
Mehr als sie alle dich bewährt und mehr erreicht.
Dir recht zu danken, ach! ist meine Kraft zu klein.
So groß wie dein Verdienst wird meine Macht nie sein.
Mein von dem ärgsten Feind durch dich befreites Land,
Mein Herrscherstab, durch dich erhalten meiner Hand,
Der Mohren stolzes Heer bereits in voller Flucht,
Eh' ich mit meinem Volk den Angriff erst versucht,
Sie alle machen's zur Unmöglichkeit, daß dir
Dein König je vermag zu danken nach Gebühr.
Den Mauren, die du schlugst, muß ich die Ehre gönnen,
Daß sie dich ihren Cid nun unterwürfig nennen.
Cid heißt soviel wie Herr, ich hört's von allen beiden.
Ich will um diesen Ruhm dich keineswegs beneiden.
Die Herrschermacht des Cid ist groß und allgemein,

4. Aufzug, 3. Auftritt

Sie schließt Toledo auch und Granada mit ein.
Die meines Zepters Macht gehorchen, sehn darin,
Was du mir wert bist und was ich dir schuldig bin.
Rodrigo.
Mein König, tief vor Scham erröten machst mich du.
Solch hohes Lob steht mir in keiner Weise zu.
Um von solch mächtigem Herrn so hoch geehrt zu sein,
Ist mein Verdienst um Volk und Krone viel zu klein.
All, was ich kann und bin, Euch dank ich's, Majestät –
Das Blut, das mich durchströmt, die Luft, die mich
                                                       umweht.
Und opfert' ich's für Euch als Euer Untertan,
Hätt' ich auch dann nicht mehr als meine Pflicht getan.
König.
Allein von allen, die durch Pflicht an mich gebunden,
Hat keiner so wie du den Heldenmut gefunden,
Wenn er sich einmal nicht zum Äußersten versteigt,
Wird ein Erfolg, wie heut der deine, nie erreicht.
Und darum wirst du schon das Lob ertragen müssen.
Doch laß mich Näheres vom Verlauf der Schlacht nun
                                                       wissen.
Rodrigo.
Ihr wißt es, Majestät, wie, da so groß die Not war,
Von der die Königsstadt aufs äußerste bedroht war,
Mein Vater sich umgab mit einer Kriegerschar,
Die eine dauernde Versuchung für mich war.
Könnt Ihr's verzeihn, daß ich, kampfdurstig, übereilt,
Mich auf den Feind gestürzt, eh' Ihr Befehl erteilt?
Sehr groß war die Gefahr, die Truppe stand bereit,
Mein Leben wagt' ich nur, mir war's darum nicht leid.
Und wenn ich es verlor – wie gern hätt' ich mein Leben,
Mein König und mein Herr, für Euch dahingegeben.
König. Die rasche Sühnetat will ich dir gern verzeihn,
Auch wird ganz Spanien dem Retter Fürsprech sein.
Der Rachepläne muß Chimene sich entschlagen.
Ich kann nichts weiter für sie tun, als sie beklagen.
Doch fahre fort.
Rodrigo.   Von mir geführt, rückt unverdrossen
Die kleine Truppe vor, zum Äußersten entschlossen.
Fünfhundert waren wir, doch bis zum Hafen dann
Stieg unsre tapfre Schar bis auf dreitausend Mann.

4. Aufzug, 3. Auftritt

Selbst die Verzagtesten erfaßte neuer Mut,
Sahn sie uns so marschiern, erfüllt von Kampfesglut.
Zwei Drittel hab ich in den Schiffen gleich versteckt,
Die ich im Hafen, sehr zu unserm Glück, entdeckt.
Der Rest drängt sich um mich, es werden immer mehr,
Und ihre Ungeduld zu bändigen wird mir schwer.
Am Boden lagern sie, da wird kein Lärm gemacht,
Und so vergeht für uns ein großer Teil der Nacht.
Das Garderegiment, ich selber führt' es an,
Verhält sich ebenso und stützt so meinen Plan.
Kühn täusch ich ihnen vor, Befehl der Majestät
Sei, daß das ganze Heer allein mir untersteht.
Bei vorgeschrittner Nacht, im Licht der Sterne sahn
Wir dreißig Segel mit der Flut der Küste nahn,
Und – kam's uns selber doch fast wie ein Märchen vor –
Bereits im Hafen in der Falle stak der Mohr!
Vom Glück begünstigt schien den Heiden ihr Beginnen:
Der Hafen unbewacht, kein Mensch auf Turm und Zinnen
Sie glaubten den Erfolg im Fluge zu erhaschen
Und waren überzeugt, uns blind zu überraschen.
Sie warfen Anker aus, gehn siegsgewiß an Land –
Und laufen gradewegs dem Feinde in die Hand.
Denn plötzlich brachen wir aus dem Versteck hervor,
Und bis zum Himmel stieg unser Geschrei empor!
Und tausendstimmig tönt es Antwort von den Schiffen.
Die Mohren, überrascht, von blasser Furcht ergriffen,
Rat suchend, nur noch erst zum Teil dem Schiff entstiegen,
Sehn sich, noch eh' der Kampf begann, schon unterliegen.
Statt leichter Beute gab es grimmigen Widerstand.
Wir drängten sie zur See, wir drängten sie am Land.
Ein wüst Gemetzel war's, in breitem Strome rann
Ihr Blut dahin, bevor die Menge sich besann,
Eh' überwunden war das erste wilde Bangen
Und ihre Fürsten sie zum Widerstande zwangen.
Die Schmach, widerstandslos abschlachten sich zu lassen,
Läßt die Zerstreuten sich zuletzt zusammenfassen,
Sie leisten Widerstand, sie fassen neuen Mut,
Und mit dem ihren mischt im Kampf sich unser Blut.
Und Schiffe, Küste, Strom, sie alle, gleich bedroht,
Sind Tummelplätze für den Triumphator Tod.
Wie manche Heldentat, zu andrer Zeit gewiß

Von höchstem Ruhm gekrönt, versank in Finsternis,
Da keiner, ob er sich auch noch so tapfer schlug,
Zu sehn vermocht, wohin sein Kampfesdurst ihn trug.
Ich war fast überall. Hier gilt es, vorzurücken,
Standzuhalten drüben, dort die Angst zu unterdrücken,
Den neu Zustoßenden anweisen ihre Stelle
Und ungeduldig harrn, daß sich der Tag erhelle.
Er kam – und unsern Sieg erkannten wir nun klar.
Der Mohr begriff nun, daß sein Spiel verloren war.
Im Morgenlichte rückt gar noch Verstärkung an –
Da wich der Todesfurcht alsbald der Siegeswahn.
Den Schiffen drängt man zu in rasend schnellem Lauf,
Verzweifeltes Geschrei steigt bis zum Himmel auf,
In Todesängsten drängt man, stolpert, stößt sich hart,
Und keinen kümmert es, was aus den Königen ward.
Zu sehr ist jeder nur aufs eigne Heil bedacht,
Die Ebbe trägt sie fort, wie sie die Flut gebracht.
Mit einer kleinen Schar ganz weniger Getreuer
Verkauft das Königspaar sein Leben möglichst teuer.
Verzweifelt setzen sie uns Widerstand entgegen,
Sich zu ergeben, konnt' ich selbst sie nicht bewegen.
Es könnte, glaubten sie, ein Wunder noch geschehn,
Doch als sie schließlich auch die letzten fallen sehn,
Wünscht unsern Führer man zu sehn. Ich melde mich.
›Ergebt euch!‹ sag ich nur – und sie ergeben sich.
Ich lieferte die zwei sofort in Eure Hände,
Die Krieger sind dahin, die Schlacht damit zu Ende,
Und also war ich Euch zu dienen ausersehn ...

VIERTER AUFTRITT

Vorige. Alonso.

Alonso.
Mein hoher Herr, ihr Recht zu heischen kommt Chimen'.
König *(zu Rodrigo).*
Vergib, es ist mir leid, doch gehen mußt jetzt du.
Dich jetzt schon hier zu sehn, das mut ich ihr nicht zu.
Doch daß du, wie wir von dir denken, erst noch sähest,
Laß deinen König dich umarmen, eh' du gehest.
(Er umarmt Rodrigo. Dieser dann ab.)

4. Aufzug, 5. Auftritt

Diego.
  Chimen' verfolgt ihn und bangt dennoch um sein Leben.
König.
  Sie lieb' ihn, heißt's, und das gilt's zu erproben eben.
  Blickt etwas trüber drein!

FÜNFTER AUFTRITT

Vorige ohne Rodrigo. Chimene. Elvire.

König.   Das Schicksal ist Euch hold,
  Chimen', Ihr könnt Euch freun, es kam, wie Ihr's gewollt.
  Rodrigo durfte zwar den Sieg für uns erwerben,
  Jedoch ihn selbst sahn wir an seinen Wunden sterben.
  Der Himmel selbst griff ein und macht die Lösung leicht.
  Euch ist genuggetan.
  (Zu Diego).   Seht Ihr, wie sie erbleicht?
Diego. Verfärbt sich, wankt, kann kaum noch auf den
                                                  Füßen stehn,
  Läßt unwillkürlich so ihr Innerstes uns sehn.
  Kein Zweifel mehr – sie liebt ihn, ihm gehört ihr Herz,
  Wie sie in Wahrheit fühlt, verrät uns dieser Schmerz.
Chimene. Rodrigo tot?
König.   Nein, nein, er lebt, ist unversehrt.
  Nur wissen wollt' ich, ob dein Herz ihm noch gehört,
  Und dieser Schmerzausbruch war mir ein deutlich
                                                  Zeichen ...
Chimene. Herr, wie vor Schmerz, kann man vor Freude
                                              auch erbleichen.
  Ein unerwartet Glück bringt manchmal unser Herz
  Mehr aus dem Gleichgewicht als unverhoffter Schmerz.
König.
  Blick und Gebärden klar von deinem Jammer sprachen.
  Unglaubliches wirst du uns niemals glauben machen.
Chimene.
  Zu allem Unheil mag denn auch noch dieses kommen.
  Als Schmerzausdruck sei mein Zusammenbruch genommen.
  Die Todesnachricht traf mich in der Tat sehr hart,
  Weil alles, was ich mir geplant, zunichte ward.
  Fiel er fürs Vaterland in redlichem Gefecht –
  An meinem Vater blieb der Mord dann ungerächt.

Durch solch ein Ende sah ich mich gekränkt, verhöhnt,
Wohl fordr' ich seinen Tod, doch nicht durch Ruhm
                                            gekrönt!
Es werde ihm der Tod, den er verdient, zuteil –
Nicht auf dem Bett des Ruhms, nein, durch das Henker-
                                            beil.
Für meinen Vater sterb' er, nicht fürs Vaterland,
Sein Ruhm sei ausgelöscht, sein Name sei verbannt.
Durch seinen Heldentod wär' seine Schuld gesühnt,
Ein Schicksal würd' ihm so, wie er es nie verdient.
Doch ist sein Sieg mir lieb, ich sag es offen hier,
Er rettete das Land und gab mein Opfer mir
Vor dem gesamten Heer mit Ruhm bedeckt zu eigen,
Anstatt mit Blumen nur geschmückt mit Lorbeerzweigen.
Mit einem Wort – mich freut's, daß der gekrönte Held
Als würdiges Opfer nun für meinen Vater fällt.
Was red ich? Wehe mir! Wo riß mein Traum mich hin?
Was kann ich Ärmste nur mit Tränen gegen ihn?
Mich fürchten braucht er nicht. Was tät' ich ihm denn an,
Wo ihm das ganze Land zur Freistatt dienen kann?
Nichts ist ihm ja verwehrt, hier, unter Eurer Macht,
Und mich besiegt er, wie die Mohren in der Schlacht.
Und das gekränkte Recht, wie des Besiegten Blut,
Das kommt jetzt dem Triumph des Siegers nur zugut.
So schreiten denn auch wir – o köstlicher Gewinn! –
Mit den zwei Königen im Siegeszug dahin.

König.
Mein liebes Kind, so hart, wie du's willst, geht es nicht.
Gerechtigkeit, Chimen', ist stets auch Gleichgewicht.
Dein Vater fiel, doch er war's, der zum Kampf getrieben.
Das gleiche Rechtsgefühl heißt mich nun Nachsicht üben.
Eh' du mir vorwirfst, daß ich ungerecht hier bin,
Prüf erst einmal dein Herz. Rodrigo herrscht darin,
Und was du insgeheim empfindest, ist nur dies:
Dem König Dank, der dir den Freund am Leben ließ.

Chimene.
Mir meinen Feind, von dem mein ganzes Unglück kam,
Dem all mein Ingrimm gilt, der mir den Vater nahm!
Was man mir angetan, dünkt keinen etwas wert!
Man glaubt, man diente mir, wenn man nicht auf mich
                                            hört!

4. Aufzug, 5. Auftritt

Kann ich Gerechtigkeit durch Tränen nicht erzwingen,
So ruf ich nach dem Schwert. Es muß die Lösung bringen.
Durch Waffen wurde mir die Kränkung angetan,
Zur Sühne ruf ich drum nun auch die Waffen an.
Rodrigos Haupt fordr' ich von allen Rittern heute!
Wer's mir zu Füßen legt, dem geb ich mich zur Beute.
Um Tod und Leben geh' der Kampf, ich der Gewinn.
Dem Sieger geb ich mich sofort als Gattin hin.
Das sollte, mein ich, die gerechte Lösung sein.

König. Die alte Sitte, halb vergessen, zu erneun,
Um so ein Unrecht, selbst noch zweifelhaft, zu rächen,
Das hieße übers Maß des Reiches Wehrkraft schwächen.
Und der Erfolg, zu dem dergleichen meist nur führt?
Die Unschuld leidet und das Böse triumphiert.
Rodrigo ist mir wert. Ich muß ihn mir erhalten.
Ich überlaß ihn nicht des Schicksals blindem Walten.
Solch großem Herzen soll man nicht mit Klagen kommen.
Der fliehnde Mohr hat sein Verbrechen mitgenommen.

Diego. Nur ihm zuliebe soll nicht mehr zu Recht bestehn
Der Brauch, den Euer Hof schon so viel Mal gesehn?
Was sagt das Volk dazu? Wie wird die Stimm' erheben
Der Neid? ›Vom Herrn geschützt, schont er sein nacktes
    Leben!
Ein guter Vorwand, daß man sich beiseite drückt,
Wo jeden Edlen doch der Heldentod beglückt!‹
Don Gormas fordert' ihn heraus – ihn zu belehren
Verstand er, zeigte Mut; nun soll er ihn bewähren.

König. Wollt ihr es alle – gut, so sei's, doch stehen ja
Für jeden, den er schlug, gleich hundert andre da.
Der Preis ja, den Chimen' dem Sieger zugedacht,
Hat meine Ritter all zu Feinden ihm gemacht.
Es wäre unrecht, stünd' allein er gegen alle.
Mit *einem* kämpf' er, das genügt in jedem Falle.
Wähl deinen Mann, Chimen', doch überleg dir's sehr,
Denn nach beschloßnem Kampf bleibt keine Wahl dir
    mehr.

Diego. Doch wie? Wagt keiner an den Sieger sich heran?
Bleibt leer der Kampfplatz, den Ihr ausgesucht – was
    dann?
Nach allem, was er heut an Heldenmut gezeigt,
Findet sich einer, der's ihm gleichtut, nicht so leicht.

4. Aufzug, 5. Auftritt

Mit solchem Gegner wagt's kaum einer anzubinden.
Wo soll sich so viel Mut, nein, richtiger: Leichtsinn finden?
S a n c h o.
Tut auf das Feld! Hier steh ich voller Kampfesglut!
Den Leichtsinn bring ich her, vielmehr den hohen Mut!
Nehmt mich als Kämpen an, die Gnade mir erweist –
Ihr wißt ja, was als Lohn dem Sieger Ihr verheißt.
K ö n i g *(zu Chimene).*
Willst du in seine Hand nun legen den Entscheid?
C h i m e n e. Ich hab's versprochen, Herr.
K ö n i g.   Seid morgen denn bereit.
D i e g o.
Warum erst morgen denn? Nur unnütz Zeit vertan?
Gilt's Mut zu zeigen, ist stets in Bereitschaft man.
K ö n i g.
Gleich wieder kämpfen, von der großen Schlacht ermattet?
D i e g o. Mein Sohn hat ausgeruht, als er Bericht erstattet.
K ö n i g. Noch eine Stunde gebt ihm Ruhe oder zwei.
Doch daß dies Kampfspiel auch kein böses Beispiel sei,
Zum Zeugnis dessen, daß ich solches blutiges Spiel
Nur ungern dulde, das mir niemals noch gefiel,
Will ich es selbst und soll mein ganzer Hof es meiden.
(Zu Don Arias.)
Euch nur bestimm ich als Schiedsrichter zu den beiden.
Genau nach Sitt' und Brauch soll alles vor sich gehn,
Und nach beschloßnem Kampf will ich den Sieger sehn.
Ein Preis nur gilt, gleichviel, wer auch den Sieg gewann,
Und zu Chimene führ ich selbst den Sieger dann.
Zum Lohn wird sie sein Weib, wie sie es hier erklärte.
C h i m e n e.
So trefft Ihr mich mit des Gesetzes ganzer Härte?
K ö n i g. Du widersetzt dich, klagst, doch allen Klagen fern,
Fügt sich dein Herz, wenn jetzt Rodrigo siegt, ihm gern.
So murre denn nicht mehr, füg dich dem süßen Joch.
Wer auch der Sieger sei, dein Gatte wird er doch.

FÜNFTER AUFZUG

ERSTER AUFTRITT

Rodrigo. Chimene.

Chimene.
  Du hier! Das nenn ich kühn! Im vollen Tageslicht!
  Geh fort, ich bitte dich! Dein Anblick ehrt mich nicht.
Rodrigo.
  Ich geh nun in den Tod – und darf es da nicht wagen,
  Ein letztes Lebewohl Euch, Herrin, noch zu sagen?
  Der Liebe, die an Euch mich bindet, bin ich's schuldig,
  Daß ich, eh' ich den Stoß empfange, Euch noch huldig'.
Chimene. Du in den Tod?!
Rodrigo.   Ja, in den Tod, der Eurem Groll –
  O Glück! – für alle Zeit ein Ende machen soll.
Chimene.
  Du in den Tod gehn! Ist Don Sancho denn ein Feind,
  Der dir, dem Kühnsten, selbst unüberwindlich scheint?
  Was macht dich denn so schwach und ihn so stark? Sag an!
  Rodrigo sieht sich tot, noch eh' der Kampf begann!
  Der meinen Vater schlug, vor dem die Mohren flohn,
  Soll gegen Sancho jetzt – und er verzweifelt schon!
  So scheint sein Heldenmut von Zeit zu Zeit zu ruhn?
Rodrigo.
  Nicht in den Zweikampf, auf den Richtplatz geh ich nun.
  Ihr fordert meinen Tod. Ich liebe Euch. Deswegen
  Ist mir – begreift Ihr's nicht? – am Leben nichts gelegen.
  Gleich blieb sich stets mein Herz, doch fehlt mir Lust und
                                                           Kraft,
  Das zu erhalten, was Euch irgend Kummer schafft.
  Ging's nur um mich allein, so hätte diese Nacht
  Im Kampfgewühle mir bereits den Tod gebracht.
  Jedoch für König, Volk und Heimat im Gefecht
  Stand ich und gab sie preis, verteidigt' ich mich schlecht.
  So heiß und wild ist mir das Leben nicht verhaßt,
  Daß eine Schandtat mich befreit von seiner Last.
  Jetzt aber, da es nur mein armes Dasein gilt . . .
  Ihr fordert meinen Tod. Der Wunsch sei Euch erfüllt.
  Als Waffe Eurem Groll dient eines andern Schwert
  (Von Euch zu fallen, schien ich Euch gewiß nicht wert).

Abwehren will ich jetzt des Gegners Stöße nicht –
Den Kämpen schätz ich viel zu hoch, der für Euch ficht.
Es kommt von Euch – sag ich mir immer wieder jetzt,
Und Eure Ehre ist's, für die er ein sich setzt.
Sei schutzlos meine Brust vor ihm denn bloßgelegt!
Ich huldige der Hand, durch die mich Eure schlägt.

Chimene.
Wenn eine traurige Pflicht, der ich mich beugen muß,
Mich dich verfolgen heißt, mir selber zum Verdruß,
Und deine Liebe glaubt, dem Manne, der für mich
Jetzt zu den Waffen greift, wehrlos zu stellen sich,
So darfst du eines nicht vergessen, es gilt viel:
Dein Leben nicht allein, dein Ruhm steht auf dem Spiel.
Was meinst du, wird man zu des Kampfes Ausgang sagen?
Erfährt man deinen Tod, dann heißt's: ›Er ward
                                    geschlagen.‹
Nicht ich, die Ehre galt dir als das höchste Gut.
Hättst du dich sonst befleckt mit meines Vaters Blut?
Du schwurst mir Liebe, schienst allein für mich zu leben,
Und warst trotz alledem bereit, mich aufzugeben.
Mir ist es kein Beweis, daß du mich wirklich liebst,
Wenn du dich, statt für mich zu kämpfen, gleich ergibst.
Wie schwand dein Heldenmut so schnell dahin?
                                               Vielmehr –
Warum besäßest du so viel davon vorher?
Er ist nur kühn, wenn er mir damit wehe tut;
Kann er das nicht, versagt sein ganzer Heldenmut!
Mit meinem Vater war der Kampf dir wohl so hart,
Daß noch ein zweiter Sieg dir nicht mehr möglich ward?
Geh! Laß mich weiter dich befehden. Denk nicht mehr
An mich! Verteidige als Ritter deine Ehr'!

Rodrigo.
Dein Vater fiel im Kampf, die Mohren sind geschlagen –
Wer wird da meinen Ruhm noch anzutasten wagen?
An meinem Mut wird nicht gezweifelt. Jedermann
Weiß nur zu gut, daß ich das Höchste leisten kann.
Man weiß auch überall, daß mir kein Heiligtum
Auf Erden teurer ist als meines Namens Ruhm.
Wenn ich jetzt sterbe – was Ihr denken mögt, gleichviel –,
So setzt' ich meinen Ruhm noch keineswegs aufs Spiel.
Mangelnden Muts wird man deswegen mich nicht zeihn,

5. Aufzug, 1. Auftritt

Und niemand über mir wird Triumphator sein.
›Chimene‹, heißt's nur, ›hat sein ganzes Herz gehört.
Von ihr gehaßt, war ihm das Leben nichts mehr wert.
So hat er selber nur dem Schicksal nachgegeben,
Das seine Herrin trieb, nach seinem Tod zu streben.
Sie forderte sein Haupt, und ihr es zu verneinen,
Mocht' seiner Liebe fast schon ein Verbrechen scheinen.
Die Ehre rächend hat die Lieb' er aufgegeben,
Die Liebe rächend gab er hin das eigne Leben.
Und so geschah's, daß ihm mehr als Chimene bald
Die Ehre, bald Chimen' mehr als die Liebe galt.‹
So wird man meinen Tod in diesem Zwiespalt sehn,
Nicht schmälern meinen Ruhm, vielmehr ihn noch erhöhn.
Auch diesen Tod sieht man als Heldentat noch an,
Weil keiner außer mir Euch ganz genugtun kann.

C h i m e n e.
Wenn Ehrerwägungen und Lebensdrang nicht reichen,
Um dein Verlangen nach dem Tode zu verscheuchen,
Bedenk dann, daß, gibst du dich jetzt als Opfer hin,
Ich, die dich doch geliebt, Don Sanchos Beute bin.
Liebst du mich noch, so mußt du auch den Mut besitzen,
Mich vor dem Mann, der mir zuwider ist, zu schützen.
Was sag ich dir noch mehr? Geh, führe deine Sache!
Du kämpfst für mich und stillst damit auch meine Rache.
Und glüht wie ehedem dein Herz für mich so heiß –
Sei Sieger in dem Kampf. Chimene ist der Preis.
Lebwohl! Du sollst nicht sehn, wie ich vor Scham erröte.
(Sie geht ab.)

R o d r i g o *(allein)*.
Wo wär' ein Gegner, dem ich nicht die Stirne böte!
Kommt, Navarreser, kommt, Kastilier, kommt, ihr
                              Mohren,
Kommt alle, die das Land Hispania geboren!
Schließt euch zusammen, schafft ein einziges großes Heer!
Ein Herz, so hoch beglückt, brauchte keine Hilfe mehr!
Gegen solch süßen Traum setzt alle Kräfte ein!
Ihn zu zerstören wird euch niemals möglich sein!
(Geht ab.)

ZWEITER AUFTRITT

Infantin *(allein)*.
Folg ich der Stimme, die Verbrechen mein Empfinden
Nennt, eines Königskinds nicht wert?
Laß ich mich von der Macht der Liebe überwinden,
Die gegen solchen Zwang sich leidenschaftlich wehrt?
Ist keiner da, der mich belehrt?
Wer hilft den rechten Weg mir finden?
Rodrigo, meiner wert macht wohl dein Ruhm dich schon.
Doch das ist nicht genug! Du bist kein Königssohn.

O grausames Geschick, das meines Hauses Ehre
Mit meiner Liebe so entzweit!
Warum bringt das Gefühl, dem ich ganz angehöre,
So rein, so edel, mir solch unnennbares Leid?
Verfiel ich ihm für alle Zeit,
Zerbrech ich unter seiner Schwere?
Was fang ich an? Was ist Verlust hier, was Gewinn?
Erstick ich mein Gefühl? Geb mich ihm völlig hin?

Doch sind das alles nicht unnütze Grübeleien?
Was hat man gegen meine Wahl?
Es heißt, daß meiner nur Monarchen würdig seien.
Gehört Rodrigo denn nicht schon zu ihrer Zahl?
Die Krone hat er hundertmal
Verdient, gleich Sieger über zweien!
Und dieser Name Cid, den eben du gewannst,
Zeigt deutlich, über wen und wie du herrschen kannst.

Ja, er ist meiner wert, doch er gehört Chimenen.
Der Tod des Vaters trennt sie jetzt,
Doch stärker als der Haß, als Rachedurst und Tränen
Wird doch die Liebe sein – und diese siegt zuletzt.
So schwer sie auch durch ihn verletzt –
Wer weiß, wie bald sie sich versöhnen!
Denn mich zu strafen, hat das Schicksal so verfügt,
Daß zwischen Gegnern selbst zuletzt die Liebe siegt.

DRITTER AUFTRITT

Infantin. Leonor.

Infantin. Wo kommst du her, Leonor?
Leonor. Euch Glück zu wünschen: Nun
  Ward endlich Eurem Herz beschieden auszuruhn.
Infantin.
  Von Ruhe sprichst du, da mein Herz wie nie beschwert?
Leonor.
  Da Liebe, wie es heißt, sich nur von Hoffnung nährt
  Und mit ihr stirbt, ist nun Rodrigos Macht gebrochen.
  Ihm oder Sancho ward Chimene zugesprochen.
  Entweder er gewinnt sie oder fällt im Streit.
  Für Euch ist er damit verlorn für alle Zeit.
Infantin. Ach, wenn dem nur so wär'!
Leonor. Ihr wollt mir, scheint's, nicht glauben.
Infantin.
  Die letzte Hoffnung wirst du so mir nimmer rauben.
  Wenn die Bedingungen des Kampfs auch solche wären,
  Ich fände Mittel schon, die Wirkung zu zerstören.
  Die Liebe – und von ihr kommt ja mein ganzes Leid –
  Hält tausend Listen für die Liebenden bereit.
Leonor.
  Was glaubt Ihr, Herrin, daß Ihr noch erreichen könnt,
  Da selbst des Vaters Tod die beiden nicht getrennt?
  Durch ihr Verhalten hat Chimene klar gezeigt:
  Erloschen ist der Grimm, des Hasses Stimme schweigt.
  Es wird um sie gekämpft, und der zuerst gekommen,
  Wird ohne weiters als ihr Ritter angenommen!
  Sie läßt sich nicht erst die berühmten Kämpen nennen,
  Die einige Gewähr des Sieges bieten können.
  Don Sancho ist ihr als ihr Ritter grade recht,
  Weil er zum erstenmal sich wagt in solch Gefecht.
  Die Unerfahrenheit ist's, die sie an ihm schätzt,
  Und völlig klar ist ihr des Kampfes Ausgang jetzt.
  Ihr Eifer läßt ganz klar Euch sehn, wonach sie strebt:
  Nach einem Kampf, der sie der Rachepflicht enthebt,
  Der den geliebten Freund läßt siegen schnell und leicht
  Und endlich ihr erlaubt, daß sie versöhnt sich zeigt.
Infantin.
  Das alles weiß ich längst und muß trotzdem gestehn:

      Den Sieger bet ich an, wetteifernd mit Chimen'.
      Ob diese Liebesnot wohl je ein Ende nimmt?
Leonor.
      Bei einem, der durch Blut und Rang für Euch bestimmt.
      Ein König steht Euch zu – Ihr liebt den Untertan!
Infantin.
      O nein, ich seh ihn schon mit andern Augen an.
      Rodrigo ist's nicht mehr, der schlichte Paladin.
      Mit neuem Namen nennt hinfort die Liebe ihn.
      Ich lieb den Cid, der Sieg auf Sieg davongetragen,
      Den Helden lieb ich, der zwei Könige geschlagen.
      Und doch verzicht ich – nicht aus Furcht vor Schande, nein!
      Solch reiner Liebe mag ich nicht im Wege sein.
      Und krönte man ihn mir zuliebe selbst – die Gabe
      Nehm ich nicht wieder, die ich selbst gespendet habe.
      Der Sieg ist ihm gewiß. So darf man ihm auch nicht
      Den Preis verweigern, denn man hält, was man verspricht.
      Verfolgt von Anfang an hast du mein heißes Ringen.
      Wie ich's begann, so will ich's auch zu Ende bringen.
              (Beide ab.)

              VIERTER AUFTRITT

                  Chimene. Elvire.

Chimene. Elvire, ach, wie sehr bin ich doch zu beklagen,
      Da alles angetan, mir Schrecken einzujagen.
      Was ich auch sagen mag, gleichviel, ob ja, ob nein,
      Klag' oder Lob, hernach muß ich es stets bereun.
      Für mich ergreifen jetzt die Waffen zwei Rivalen.
      Gleichviel, wer siegt, ich muß mit Tränen es bezahlen.
      Entweder wird der Tod des Vaters nicht gerächt
      Oder der Mann, den ich geliebt, fällt im Gefecht.
Elvire. In jedem Falle seh ich Euren Wunsch erfüllt:
      Ist's nicht die Liebe, ist der Rachedurst gestillt.
      Was die Geschicke sonst auch vor mit Euch noch hatten:
      Euer Ansehn bleibt gewahrt, und Ihr habt einen Gatten.
Chimene. Verhaßt der eine, *der* verachtet! Glücks genug!
      Ob er den Vater mir, ob den Rodrigo schlug!
      Zwei Männer nennt man mir als würdige Ehegenossen,
      Die alle beide mir gleich teures Blut vergossen!

5. Aufzug, 4. Auftritt

Verdenkt man mir's, daß ich mich gegen beide wende,
Mehr als den Tod noch fürcht ich dieses Zweikampfs
                                  Ende.
Du, Liebe – Ehre, du! Wie mir jetzt für euch beide
Erfüllung werden soll, wird mir zu neuem Leide.
Ihr dunklen Mächte, die ihr meine Lose lenkt –
Nicht dem, nicht jenem sei ein voller Sieg geschenkt!
Es rühm' sich keiner, daß ich ihm zu Willen ward!

E l v i r e. Ein solches Ende wär' für Euch untragbar hart.
Denn zu nichts anderm würd' Euch dies Ergebnis zwingen,
Als weiter ruhelos um Euer Recht zu ringen,
Als weiter dem Gefühl der Rache nachzugehn
Und auf dem Tode des Geliebten zu bestehn.
Weit besser wär' es, sein glorreiches Heldentum,
Das seine Stirne krönt, macht' Eure Klage stumm,
Daß Eure Seufzer das Gesetz des Kampfes stillt,
Und was Ihr heimlich wünscht, der König Euch erfüllt.

C h i m e n e. Ja, wenn Rodrigos Sieg die volle Lösung wär'!
Dafür ist mein Verlust zu groß, die Pflicht zu schwer.
Des Kampfs Bedingung gilt für mich noch lange nicht,
Auch wenn sie ganz und gar des Königs Wunsch entspricht.
Es melden – der Monarch mag, was er will, versprechen –
Viel neue Gegner sich, die meine Ehre rächen.

E l v i r e.
Solch wilder Hochmut muß des Himmels Zorn entfachen
Und Euren Racheplan wird er zuschanden machen.
Wie? So verblendet seid Ihr immer noch? Das Glück,
Mit Ehr' Euch aus dem Kampf zu ziehn, weist Ihr zurück?
Was wollt Ihr noch? Worauf denn hofft Ihr noch?
                                                       Worauf?
Weckt des Geliebten Tod den Vater wieder auf?
Kann Euch, was Euch bisher betroffen, nicht genügen?
Müßt Ihr noch neues Leid zum schon erlittnen fügen?
Nein, so verblendet, so voll Trotz, so sinnbetört,
Seid Ihr des Manns, der Euch bestimmt war, gar nicht wert.
Kein Wunder wär's drum, wenn der Himmel so es fügte,
Daß dieser fällt und Ihr dem folgen müßt, der siegte.

C h i m e n e.
Elvir', mir wird genug des Leids beschieden sein.
Willst du's noch steigern durch solch düstres Prophezein?
Dem einen hoff ich wie dem andern zu entgehn,

Und darum muß ich auf Rodrigos Seite stehn.
Nicht weil mich ein Gefühl der Liebe an ihn bände –
Allein wird er besiegt, fall ich in Sanchos Hände.
Nur wenn Rodrigo siegt, kann ich der Schmach entgehn.
Weh mir! Was seh ich da! Elvir' – es ist geschehn!

FÜNFTER AUFTRITT

Vorige. Don Sancho.

Sancho.
 Zu Füßen legen soll ich, Herrin, Euch dies Schwert.
Chimene.
 Befleckt noch mit dem Blut Rodrigos? Unerhört!
 Du wagst es, Schändlicher, damit zu mir zu kommen,
 Der du mir den, den ich allein geliebt, genommen!
 Auf, meine Liebe, auf! Nun darfst du alles wagen!
 Mein Vater ist gesühnt, kein Grund ist mehr zu klagen!
 Ein einziger Schlag hat der Verzweiflung mich entrafft,
 Die Ehre hergestellt, befreit die Leidenschaft!
Sancho. Aus beßrer Einsicht ...
Chimene.   Willst du noch zu reden wagen,
 Verruchter Mörder, der ihn hinterrücks erschlagen!
 In offnem Kampf hättst du ihn niemals überwunden,
 Kein würdiger Gegner hat sich je für ihn gefunden!
 Erwarte nichts von mir; nicht, wie du wohl geglaubt,
 Rächtest du mich! Du hast das Leben mir geraubt!
Sancho.
 Hörtest du mich nur an, statt daß dein Wahn dich nun ...
Chimene.
 Mit deiner Mordtat denkst du hier noch großzutun?
 Wie du dein Heldentum, sein Unglück, meine Schuld
 Mir ausmalst, soll ich hier anhören mit Geduld?

SECHSTER AUFTRITT

Die Vorigen. Der König. Don Diego. Don Arias. Don Alonso.

Chimene.
 Es tut jetzt nicht mehr not, Herr, nach vollbrachter Tat
 Noch zu verheimlichen, was Ihr doch immer saht.

5. Aufzug, 6. Auftritt

Ich liebte ihn, doch um des Vaters Tod zu sühnen,
Mußte sein teures Haupt mir als Vergeltung dienen.
Mein König sah, wie ich – nie wollt' es ganz mir glücken –
Die Liebe um der Pflicht bemüht war zu ersticken.
Rodrigo fiel. Wo man noch jüngst die Feindin sah,
Steht jetzt die Liebende schwer leidend wieder da.
Für meinen Vater soll sein Tod das Opfer sein,
Und dem Geliebten will ich diese Tränen weihn.
Der Sieg Don Sanchos hat mein Leben auch vernichtet,
Doch mich vernichtend, mich zugleich zu Dank
         verpflichtet.
Mein König, rührt Euch mein verzweifeltes Geschick,
So nehmt, ich fleh Euch an, Euren Befehl zurück.
Als Preis für einen Sieg, der alles, was mir lieb,
Mir raubte, nehm' er, was an ird'schem Gut mir blieb,
Und geb' mich frei. Und bis zum Tod in Klostermauern
Will um den Vater ich und den Geliebten trauern.
D i e g o.
Sie liebt ihn, Herr, und hält es nicht mehr für Verbrechen,
Von dieser Liebe laut vor aller Welt zu sprechen.
K ö n i g. Beruhige dich, Chimen' – Rodrigo ist am Leben.
Don Sancho hat, so scheint's, dir falsch Bescheid gegeben.
S a n c h o.
Zu ihr gekommen war ich mit dem Kampfbericht,
Doch hören wollte sie in ihrem Zorn ihn nicht.
Der edle Kriegsheld, ihr geliebter künftiger Gatte,
Sprach so zu mir, nachdem er mich entwaffnet hatte:
›Sei ohne Furcht, weit eh'r noch unentschieden ließe
Den Kampf ich, als daß für Chimene Blut noch fließe.
Vor allem aber will mich jetzt der König sehn.
So geh du meinen Sieg verkünden zu Chimen'.
Nimm hier dein Schwert und leg's zu ihren Füßen hin.‹
Dies Siegeszeichen nun verwirrte ihren Sinn.
Sie glaubt', daß dies sein Schwert und ich der Sieger wäre.
Da traf mich denn ihr Zorn in seiner ganzen Schwere.
Mich meines Siegs vor ihr zu rühmen stünd' ich hier,
Wähnt' sie, und nicht ein Wort mehr gönnt' ihr Ingrimm
         mir ...
Ich aber, der ich doch im Kampfe unterlag –
Wie kommt's, daß ich trotzdem mich glücklich schätzen
         mag?

Was ist es, das mit dem Verluste mich versöhnt?
Die reinste Liebe wird durch diesen Sieg gekrönt!
König. Solch edlen Feuers, Kind, brauchst du dich nicht
                                     zu schämen,
Noch zu versuchen, was gesagt, zurückzunehmen.
Sei ohne Sorgen, nichts ficht deine Ehre an,
Dein Ruf ist unbefleckt und deine Pflicht getan.
Dein Vater ist gerächt, Rodrigos Sühne waren
Die vielen siegesreich bestandenen Gefahren.
Du siehst, wie gnadenreich der Himmel ihm erschien,
Wieviel er für ihn tat – und du tust nichts für ihn?
Willst meinem Wunsche du noch immer widerstreben?
Willst dich dem doch so heiß geliebten Mann nicht geben?

SIEBENTER AUFTRITT

Vorige. Infantin. Leonor. Rodrigo.

Infantin.
Nun wein nicht mehr, Chimen', zu Ende ist dein Gram.
Aus deiner Fürstin Hand empfang den Bräutigam.
Rodrigo.
Zwingt mich die Liebe, vor des Königs Angesicht
Zu Füßen ihr zu falln, Herr, so verdenkt mir's nicht.
Nicht meines Kampfes Lohn zu fordern kam ich her:
Aufs neue bring ich ihr mein schuldig Haupt vielmehr.
Denn meine Liebe kann nicht Eu'r Verlangen stillen,
Noch dieses Kampfs Gesetz, noch meines Königs Willen.
Wenn alles, was geschah, des Vaters Tod nicht sühnt,
Sagt, was Ihr noch verlangt! Womit ist Euch gedient?
Soll ich noch tausend, noch zehntausend Gegner schlagen?
Soll ich, Kampf heischend, noch die ganze Welt durch-
                                      jagen?
In freiem Feld bestehn die größten Heeresmassen?
Der Fabelhelden Ruhm zuschanden werden lassen?
Kann ich auf diesem Weg Begnadigung erlangen,
So wag ich's – doch ich will dann auch den Preis
                                      empfangen!
Doch wenn Eu'r Ehrgefühl, das keine Gnade kennt,
Den Tod des Schuldigen mir als einzige Sühne nennt –
Die Waffen gegen mich soll keiner mehr erheben!

5. Aufzug, 7. Auftritt

Straft mich dann selbst! Ich leg zu Füßen Euch mein
                                            Leben.
Es kann nur Eure Hand den Niebesiegten schlagen.
Vollzieht das Rachewerk, kein andrer darf es wagen.
Doch wird Euch Frieden nun durch meinen Tod geschenkt,
So bitt ich, daß Ihr nicht mit Hasse mein gedenkt.
Wenn Eure Ehre jetzt verlangt, daß ich mein Leben
Euch opfre – wohl! Ich hab's freiwillig Euch gegeben,
Und sagen sollt Ihr, denkt Ihr meiner einst, betrübt:
›Er lebte heute noch, hätt' er mich nicht geliebt!‹

Chimene.
Steh auf, Rodrigo! – Herr, nun liegt es klar zutag:
Zuviel sagt' ich, was ich nicht widerrufen mag.
Ja, er hat Tugenden, die man nicht hassen kann,
Und einem Könige zu trotzen geht nicht an.
Doch mögt Ihr, was Ihr wollt, von meinen Pflichten
                                            meinen –
Kann solch ein Ehebund Euch selber tragbar scheinen?
Und nennt Ihr, was Ihr jetzt von mir zu fordern wagt,
Gerechtigkeit, habt Ihr fürwahr zuviel gesagt.
Wenn heut der Staat den Cid nicht mehr entbehren kann –
Bin ich der Lohn für das, was er für Euch getan?
Verlangt Ihr, daß fortan nie mein Gewissen ruht,
Weil ich die Hand getaucht in meines Vaters Blut?

König. Was als Verbrechen gilt, wird öfters ausgeglichen,
Ist etwas längre Zeit darüber nur verstrichen.
Gewonnen hat er dich, die Seine wirst du sein ...
Am heutigen Tage ward ihm dieser Sieg – allein
Es würde deinem Ruf, sagst du mit Recht wohl, schaden,
Wollt' ich ihn mit dem Preis des Sieges gleich begnaden.
Sei die Vermählung denn verschoben, mein Beschluß
Bleibt aber doch bestehn, weil es geschehen muß.
Dich auszuweinen wird ein Jahr dir wohl genügen?
Rodrigo aber soll hinaus zu neuen Siegen.
Die Mohren schlug er hier an unsern eignen Borden,
Ihr Planen ist zerstört, ihr Mühn vereitelt worden.
Trag in ihr eignes Land den Krieg nun übers Meer.
Dir untersteht fortan mein ganzes tapfres Heer.
Der Name Cid allein wird die mit Schreck erfüllen,
›Herr‹ nennt man dich und beugt sich zitternd deinem
                                            Willen.

Vergiß auch eines nicht: Du sollst jetzt ihr gehören
Und ihrer würdiger noch sollst du wiederkehren.
Zeig dich der Welt so groß in deinem Heldentum,
Daß deine Gattin sein ihr gelt' als höchster Ruhm.

Rodrigo.
Euch, Herr, zu Dienst sein und Chimenens Gatte werden –
Kein höhres Glück, o Herr, gibt es für mich auf Erden.
Und wenn die Trennung jetzt auch noch so schwer mir
                                                     fällt,
Die süße Hoffnung ist's, die mich am Leben hält.

König.
Auf mein Versprechen sollst du hoffen und dein Schwert,
Und da dir jetzt schon der Geliebten Herz gehört,
Besiegt, der euch noch quält, den innern Widerstreit
Zuletzt dein Heldentum, dein König und die Zeit.

PIERRE CORNEILLE

Voltaire hat von ihm gesagt: »Corneille gründete in unserer Mitte eine Schule der Seelengröße.« Goethe meinte zu Eckermann: »Von Corneille ging eine Wirkung aus, die fähig war, Heldenseelen zu bilden.« Damit ist die Eigenart der Tragödien Corneilles gekennzeichnet. Seine Gestalten kämpfen mit der Kraft eines starken Willens, mit der Vernunft für eine sittliche Idee, gegen Leidenschaft und Gefühl – bis zur Aufopferung. Seine Helden und Heldinnen gleichen mächtigen Statuen von heroischer Kraft, sie sprechen mit rhetorischem Pathos. Die Stoffe für seine Stücke entnahm er der Historie, nicht ohne die Geschehnisse und Persönlichkeiten auf seine Weise umzuformen, sie in Bezug zu setzen zu Problemen seiner Zeit oder sie barock zu übersteigern. Die Handlung seiner nach den strengen Regeln der drei Einheiten gebauten Tragödien wird mit zum Teil höchst abenteuerlichen theatralischen Effekten dargestellt. Wenn uns heute das Pathos seiner Stücke zuweilen fremd anmuten mag, so ändert das nichts an seiner großen Bedeutung für die französische Literatur. Außerdem sollte man nicht übersehen, daß von ihm, dem Dramatiker des menschlichen Willens, dem glänzenden Bühnenrhetoriker, eine Linie zu Schiller führt.

1636 wurde der *Cid* zum ersten Male aufgeführt. Mit diesem Werk, das in seinem Thema auf den Spanier Guillén de Castro zurückgeht, errang sich Pierre Corneille den Ruhm, der Begründer des klassischen französischen Dramas zu sein. Corneille hat im *Cid* den spanischen Nationalhelden zu einem Heros aus französischem Geist verwandelt, zugleich ist das Stück Ausdruck des absolutistischen Zeitalters und seines Staatsideals. Die Gegner Corneilles verstanden es allerdings, ihm den großartigen Erfolg – »schön wie der *Cid*« lautete ein Schlagwort jener Zeit – streitig zu machen. Es kam zu jenen Auseinandersetzungen, die als ›Querelle du Cid‹ in der Historie überliefert werden. Auch Richelieu soll dabei auf seiten der Gegner Corneilles beteiligt gewesen sein. Die Akademie gab ein Gutachten über das Drama ab; darin tadelte sie Corneille wegen Verstößen gegen die Einheit des Ortes und der Handlung, auch der versöhnliche Schluß

wurde kritisiert. Corneille unterwarf sich diesen Forderungen weitgehend in seinen folgenden Römerdramen *Horace* (1640; nach Livius) und *Cinna* (ebenfalls 1640; nach Seneca). Das vierte der Meisterwerke Corneilles ist die Märtyrertragödie *Polyeucte* (1643), deren Stoff aus der Heiligenlegende stammt.
Die darauf folgenden Stücke *Mort de Pompée* (1644), *Rodogune* (1645), *Héraclius* (1647) u. a. hatten mit ihrer Mischung von Tragik und Groteske weniger Erfolg, so daß er sich nach 1652, als sein Schauspiel *Pertharite, Roi des Lombards* durchgefallen war, vom Theater zurückzog. Sieben Jahre später versuchte er, mit *Oedipe* und einigen anderen Alterswerken, in denen er Liebeskonflikte bevorzugte, vergeblich, seinen Bühnenruhm zurückzugewinnen. Insgesamt hat er 33 Stücke geschrieben.
Pierre Corneille wurde am 6. Juni 1606 in Rouen geboren. Er stammte aus einer Juristenfamilie, wurde von Jesuiten erzogen, und nach dem Rechtsstudium bekleidete er das Amt eines Richters. 1629 wurde er mit der Komödie *Mélite* zuerst literarisch bekannt. Von seinen Lustspielen, die man als Umsetzung des Pastoraldramas in die reale Wirklichkeit des bürgerlichen Lebens bezeichnet hat, ist vor allem *Le Menteur* (1643), die freie Bearbeitung einer spanischen Komödie von Ruiz de Alarcón, berühmt geworden. 1647 wurde er in die Akademie gewählt. Einige Jahre später übersetzte er in freier Form die *Imitatio Christi* des deutschen Mystikers Thomas von Kempen. Seit 1662 lebte er in Paris, eng verbunden mit seinem Bruder Thomas, der auch als Dramatiker hervortrat. Bei einem literarischen Wettbewerb mit Racine im Jahre 1671 verfaßte er die Tragödie *Tite et Bérénice*, die allerdings der *Bérénice* Racines unterlag, weil sich in dessen Stück bereits ein neuer dramatischer Stil zeigte. Corneille hatte seinen Ruhm überlebt, vereinsamt starb er am 1. Oktober 1684.